Andrew Fuller

Tricky Kids: Das Potenzial schwieriger Kinder

Andrew Fuller

# Tricky Kids: Das Potenzial schwieriger Kinder

Aus dem australischen Englisch
von Anke Grube

Kreuz

Bibliografische Information der Deutschen Bibliothek
Die Deutsche Bibliothek verzeichnet diese Publikation in der
Deutschen Nationalbibliografie; detaillierte bibliografische Daten sind im
Internet über http://dnb.ddb.de abrufbar.

Die australische Originalausgabe ist erschienen unter dem Titel: »Tricky Kids.
Transforming conflict and freeing their potential« im Verlag Finch Publishing,
Sydney.
Copyright © 2007 by Andrew Fuller
Published by Arrangement with FINCH PUBLISHING PTY LTD, Lane Cove,
NSW, Australia.
Dieses Werk wurde vermittelt durch die Literarische Agentur
Thomas Schlück GmbH, 30827 Garbsen.

© für die deutsche Ausgabe 2009 Verlag Kreuz GmbH
Postfach 80 06 69, 70506 Stuttgart

www.kreuzverlag.de

Alle Rechte vorbehalten
Umschlaggestaltung: [rincón]$^2$ medien GmbH
Umschlagbild: © Herman Agopian / Getty Images
Autorenfoto: © privat
Satz: de·te·pe, Aalen
Druck: CPI– Clausen & Bosse, Leck

ISBN 978-3-7831-3236-6

# Inhalt

Einleitung: Born to be wild! — 7

**Teil 1:**
**Tricky Kids: Typen erkennen und bestimmen** — 11

1. Zehn goldene Regeln — 12
2. Der Ränkeschmied — 28
3. Der Wortverdreher — 34
4. Der Diskutierer — 41
5. Der Besser-sein-Woller — 47
6. Der Draufgänger — 52
7. Der passive Widerständler — 57

**Teil 2:**
**Die Entwicklungsphasen bei stressigen Kids** — 63

8. Kleinkind- und Vorschulalter — 64
9. Grundschulzeit und mittlere Kindheit — 70
10. Späte Kindheit und frühe Adoleszenz — 77
11. Jugendalter — 80

**Teil 3:**
**Wie man Veränderungen bewirkt** — 95

12. Die Biochemie hinter den Stimmungen — 96
13. Acht wichtige Stimmungswandler — 104
14. Die gewohnte Reaktion lassen – Schritt 1 — 114
15. Zugehörigkeitsgefühl aufbauen – Schritt 2 — 119
16. Eine Kultur des Miteinander schaffen – Schritt 3 — 126
17. Einen neuen Tanz beginnen – Schritt 4 — 132
18. Tanzen – Schritt 5 — 135

**Teil 4:**
**Positive Lebensgewohnheiten** 143

19 Was Kinder im Zeitalter der Angst stark macht 144
20 Selbstwertgefühl 148
21 Selbstbewusstheit und die Wahrnehmung anderer 152
22 Emotionales Wohlergehen 157

**Teil 5:**
**Knifflige Themen** 171

23 Wenn Sie nicht weiterkommen 172
24 Gewalt und Depression 176
25 Vom Lügen zur Ehrlichkeit 180
26 Gruppenzwang 186
27 Perfektionismus 191
28 Sexualität 195
29 Überlebenskunst für Eltern 197

**Teil 6:**
**Ein Anhang für Lehrerinnen und Lehrer**
**von tricky Kids** 201

Literatur 217

# Einleitung: Born to be wild!

Eigensinnig, störrisch, widerspenstig, immer dagegen, mit eigenem Kopf und eisernem Willen, energiegeladen, entschlossen, chaotisch oder schlicht anstrengend – wie man es auch nennen will, es gibt Kinder, die unglaublich schwer zu erziehen sind.
Liebe, angenehme, brave Kinder zu erziehen ist einfach. Alles scheint sich wie von selbst zu entwickeln. Man sieht, wenn sich der Wind dreht, und setzt entsprechend den Kurs.
Bei stressigen Kids ist das anders. Hier setzt eine erfolgreiche Erziehung ein Maß an strategischer Planung voraus, wie es zu einer Weltumsegelung nötig wäre. Man sollte vorher wissen, wann man die Luken dichtmachen und sich zurückziehen sollte und wann es am besten ist, direkt ins Auge des Sturms zu segeln.
Ein braves Kind lehrt die Eltern, dass es Liebe auf der Welt gibt. Ein energiegeladenes Kind lehrt einen, dass es auch noch eine dunkle Seite zu bewältigen gilt.
Folgende, häufig von Eltern zu hörende Aussprüche sind Anzeichen dafür, dass sie ein stressiges Kind zu Hause haben:
»Es ist ganz egal, was ich sage ...«
»Sie setzt sich einfach irgendwas in den Kopf und ist nicht davon abzubringen!«
»Manchmal könnte ich ihn nur noch anschreien ...«
»Er muss immer das letzte Wort haben.«
»Alles läuft gut – solange sie ihren Willen kriegt.«
»Er kann endlos diskutieren.«
»Sie will ein Nein einfach nicht als Antwort akzeptieren.«
Kommt Ihnen eine dieser Aussagen bekannt vor? Falls ja – Glückwunsch, Sie haben wahrscheinlich ein »tricky Kid«, ein stressiges Kind. Nicht immer leicht im Umgang, manchmal richtiggehend schwierig. Aber machen Sie sich nicht allzu viele Gedanken: Solche Kinder werden die Welt verändern, wenn sie erwachsen sind. Oft haben sie unglaubliche Führungsqualitäten. Es kommt nur darauf an, ihre Charakterstärke zum Guten einzusetzen, nicht zum Bösen!

### Etwas, was Sie vielleicht nicht gerne hören werden

Ein stressiges Kind wächst nicht einfach aus seiner eigenwilligen Persönlichkeit heraus; entweder es verändert sich und lernt, sich anzupassen, oder es kann seine Familie jahrelang quälen. Der Charakter von Kindern ist relativ stabil – entscheidend ist, wie Sie als Eltern mit dem persönlichen Stil des Kindes umgehen.

Tricky Kids sind diejenigen Menschen, die später die Welt bewegen werden. Sie wissen, was sie wollen, und besitzen genug Energie und Tatkraft, um auch zu erreichen, was sie sich vorgenommen haben. Diesen Kindern mangelt es nicht an Durchhaltevermögen. Sie sind alles andere als saft- und kraftlos. Vielleicht sind sie wild, schwierig und anstrengend, aber sie zu erziehen wird die Eltern viel über das Leben und sich selbst lehren.

Die meisten großen Persönlichkeiten der Geschichte waren einmal Kinder mit viel Entschluss- und Tatkraft. Leider ist nicht überliefert, welche Gedanken den Eltern von Johanna von Orléans oder Alexander dem Großen durch den Kopf gingen, als ihre Kinder das Haus verließen. Vergossen sie eine Träne, oder stießen sie einen Seufzer der Erleichterung aus und dachten bei sich: »Gott sei Dank, das wäre geschafft«? Vermutlich Letzteres, aber trotzdem kann die Erziehung stressiger Kids durchaus unterhaltsam sein.

Wenn Sie ein solches Kind zu Hause haben, ist dieses Buch für Sie bestimmt.

### Über dieses Buch

Seit über 25 Jahren berate ich Kinder, Jugendliche und ihre Familien. Irgendwann – und ich gebe gerne zu, dass ich da etwas langsam war – dämmerte es mir, dass ich immer wieder dieselben Kids vor mir sah. Klar, alle hatten ein eigenes Gesicht, ihren eigenen Stil und ihre Eigenheiten, aber es gab gemeinsame Themen.

Die Diskussionen mit Hunderttausenden von Eltern und Lehrern in Seminaren haben mir geholfen, meine Theorie weiter auszubauen.

In dieses Buch sind jede Menge Jammern und Zähneknirschen eingeflossen – zu meinem Glück meistens nicht von mir, sondern von den Eltern und Lehrern, die mit mir über ihre stressigen Kinder gesprochen haben. Sie können das Verdienst für viele der im Buch vorgestellten Ideen für sich in Anspruch nehmen.

*Nähere Informationen über Andrew Fullers Arbeit finden Sie auf der Website: www.andrewfuller.com.au*

# Teil 1
# Tricky Kids: Typen erkennen und bestimmen

Eine der großen Paradoxien des Lebens ist, dass viele Kinder und Jugendliche, die schwer zu erziehen und zu unterrichten sind, später oft zu den Menschen heranwachsen, die in der Welt wirklich etwas bewegen. Sie haben eine unglaubliche Energie und jede Menge Führungspotenzial. Während meiner mehr als 25 Jahre Arbeit mit Eltern und ihren Kindern ist mir klar geworden, dass es, grob gesprochen, zwei Arten von Kindern gibt:

1. die liebenswerten, liebenswürdigen, freundlichen, entgegenkommenden Kinder. Sie wissen, welche ich meine? Man fordert sie auf, ihr Zimmer aufzuräumen, und binnen weniger Wochen ist es getan!
2. Die feurigen, lebhaften Kinder – die mit eigenem Kopf. Sie zu erziehen ist eine Herausforderung. Sie können ihre Eltern in den Wahnsinn treiben. In Teil 1 dieses Buches geht es darum, wie wir diese Kinder verstehen können, um ihre Energien in die richtigen Bahnen zu lenken und ihr erhebliches Potenzial zu optimieren.

# 1 Zehn goldene Regeln

Viele der Ideen, die in diesem Buch vorgestellt werden, sind gerissene, listige Strategien, die Eltern eingesetzt haben, um ihren Kindern zu helfen. Bei einigen Beispielen geht es um die Erziehung von Jugendlichen, bei vielen aber um kleinere Kinder. Ich bin mir sicher, dass Ihnen beim Lesen noch kreativere Methoden zur Bewältigung heikler Situationen einfallen werden.

Die folgenden zehn goldenen Regeln, die wir später noch ausführlicher behandeln werden, sind von Eltern ausgearbeitet worden, die stressige Kinder haben.

## 1. In puncto Energie werden sie Ihnen immer überlegen sein

Die Batterien stressiger Kinder sind unerschöpflich! Jedes Kind und jeder Jugendliche kann sehr viel mehr Energie in Auseinandersetzungen stecken als jeder Erwachsene, und die Kids werden ihre ganze Energie einsetzen, um den Kampf zu gewinnen. Kluge Eltern beschränken daher die Anzahl der Bereiche, in denen sie etwas Positives erreichen wollen. Versuchen Sie nicht zu viel auf einmal.

Man ist meistens gut beraten, sich *eine* Verhaltensweise auszusuchen, von der man gern mehr sehen würde, und *eine* Verhaltensweise, die verringert werden soll. Dabei bleiben Sie dann für mindestens sechs Wochen. Wenn Sie mehr versuchen, riskieren Sie, als nervöses, erschöpftes Wrack zu enden.

## 2. Zwei Krokodilhirne = viel Geschnappe

Wenn wir uns mit modernen bildgebenden Verfahren ansehen, welche Hirnregionen bei Kindern und Jugendlichen aktiv sind, die sich mitten in einer Auseinandersetzung befinden, zeigt sich ein deutliches Muster. Was aufleuchtet, ist der Hirnstamm, der im Grunde für Aktivierung zuständig ist, und der Mandelkern, der uns in Kampf- beziehungsweise Fluchtbereitschaft bringt. Und das war's dann auch schon!

Was bedeutet, in der heißen Phase eines Streits sind Kinder und Jugendliche für Vernunft ungefähr so zugänglich wie ein Krokodil. Mitten in einer Auseinandersetzung Vernunftgründe anzuführen, zu diskutieren oder etwas erklären zu wollen ist meist reine Zeitverschwendung. Die Kinder können Ihre guten Ratschläge nicht hören oder daraus lernen, wenn die Teile des Gehirns, die das Zuhören und Lernen steuern, gar nicht aktiv sind.

Wenn Eltern der Kragen platzt, werden sie ebenfalls ungefähr so vernünftig wie ein Krokodil. Zwei Krokodile im Streit, das ist oft gleichbedeutend mit jeder Menge Geschnappe. Wenn möglich, verlassen Sie den Raum, kühlen sich ab und greifen erst ein, wenn Sie sich wieder beruhigt haben.

## 3. Keine Schlammschlachten mit Schweinen!

Stressige Kids lieben Intensität. Sie mögen Dramen, Blutrünstigkeit, Horror und Action. Nicht nur das: Sie sind auch sehr, sehr talentiert darin, Dramen, Horror und Action hervorzurufen. Da es in ihrem Leben jede Menge Dramatik gibt, sind sie daran gewöhnt.

Ich sage immer zu Eltern, dass eine Auseinandersetzung mit einem stressigen Kind viel mit einer Schlammschlacht mit einem Schwein gemein hat – am Ende sind beide dreckig, aber nur das Schwein ist glücklich. Wenn Sie Ihre Kinder unterhalten wollen, indem Sie ihnen eine Auseinandersetzung oder einen Streit liefern – bitte, nur zu. Aber wenn Sie Ihrem Kind wirklich helfen wollen, eine größere Bandbreite an Verhaltensweisen zu erwerben, müssen wir einen anderen Weg finden.

Das bedeutet nicht, dass Eltern ihren kleinen Nervensägen immer nachgeben sollten. Es bedeutet, dass sie gemeiner und hinterlistiger sein müssen! Wenn Sie sich keine Schlammschlacht mit Schweinen liefern und damit zur Unterhaltung Ihres stressigen Kindes beitragen wollen, werden Sie eine Angewohnheit aufgeben müssen, die sich irgendwann bei den meisten Eltern einschleicht:

### Die gefährliche Kunst der provozierenden Frage

Ja, die Kunst der provozierenden Frage ist eine Methode, die von vielen Eltern angewandt wird, und sie führt mit 100-prozentiger Wahrscheinlichkeit zum Streit.

Beispiele für provozierende Fragen:
- »Habt ihr heute Hausaufgaben auf?«
- »Hast du dein Zimmer aufgeräumt?« (Wenn klar ist, dass er/sie das nicht hat.)
- »Du glaubst doch wohl nicht, dass ich dich so aus dem Haus gehen lasse, oder?«
- »Was hast du dir nur dabei gedacht?«
- »Ich nehme an, du kannst mir erklären, warum dein Zeugnis so schlecht aufgefallen ist?«

Wenn Sie wollen, dass ein stressiges Kind in den defensiven Streitmodus geht, stellen Sie ruhig eine provozierende Frage. Es wird das Kind unterhalten und Sie zur Verzweiflung treiben. Die dadurch ausgelöste Debatte kann Stunden dauern.

Wandeln Sie provozierende Fragen lieber in eindeutige, klare Aussagen um, beispielsweise:
- »Also, Zeit für die Hausaufgaben.«
- »Komm, wir räumen dein Zimmer noch vor dem Abendessen auf.«
- »Ich möchte dich an unsere Vereinbarung erinnern.«
- »Unterhalten wir uns doch mal darüber, welche Hilfestellung ich dir geben kann, damit du gut lernst.«

Das führt uns zur nächsten goldenen Regel. Die meisten Eltern von tricky Kids haben festgestellt, dass gute Gewohnheiten, Routinen, stärker wirken als Worte.

## 4. Was Sie tun, ist wichtiger als das, was Sie sagen

Das Verbale ist oft gar nicht so entscheidend wie das, was Sie tun. In den letzten Jahrzehnten fühlten Eltern sich zunehmend genötigt, ihren Kindern alles zu erklären. Sicher, manchmal können Erklärungen nützlich sein, aber Eltern sind zum Glauben verleitet worden, alles werde gut, wenn sie ihrem Kind nur alles richtig erläuterten.

Bei manchen Kindern mag das gut funktionieren, aber stressige Kinder bleiben meist nicht lange genug stehen, um sich die Erklärung anzuhören, oder sie sind so beschäftigt damit, ihre eigene Sichtweise rüberzubringen, dass die Eltern gar keine Chance haben, Erläuterungen abzugeben. Bei solchen Kindern ist das, was die Eltern tun, wichtiger als das, was sie sagen.

Viele Forschungsergebnisse belegen, dass kleine, ins Familienleben integrierte Rituale eine sehr positive Wirkung haben. Sie sorgen für ein verträgliches Miteinander und feste Gewohnheiten, und bei stressigen Kindern sind feste Gewohnheiten wichtig. Solche Rituale müssen nicht teuer sein – die besten kosten wenig oder nichts. Rituale sind Dinge, die Sie als Familie gemeinsam tun, in der Hoffnung, dass Ihre Kinder später sagen werden: »Meine Mutter hat immer dafür gesorgt, dass ...« Oder: »Mein Vater hat uns immer ...« Es kann die Pizza am Freitagabend sein, der Mittwochsspaziergang oder der Sonntagsfilm. Ein Ritual ist etwas, das Sie regelmäßig als Familie gemeinsam unternehmen – und zwar unabhängig davon, wie die Kinder sich benommen haben.

> *Rituale sind wie Kleiderbügel, an die wir die guten Erinnerungen unseres Lebens hängen.*

Wenn Sie ein stressiges Kind erziehen, kann es sein, dass Sie Ihre Familienrituale irgendwann aufgegeben haben. Immer wieder höre ich, dass Eltern beispielsweise sagen: »Früher haben wir uns am Freitagabend immer eine Pizza geholt, aber dann hat er sich mal so wild aufgeführt, dass wir es gelassen haben.«

Wenn das auf Ihre Familie zutrifft, überlegen Sie, welche Rituale Sie neu einführen könnten.

> **Einige Beispiele für Familienrituale**
> - Montagsfilm
> - gemeinsamer Besuch im Schwimmbad
> - Freitagspizza
> - Sonntagsbrunch
> - Putzen am Samstagvormittag
> - Bowling am Mittwochabend
> - Besuch des Gottesdienstes
> - Sport
> - zusammen eine Fernsehsendung anschauen (besonders wenn Sie nachher miteinander darüber sprechen)
> - Betreuung eines Haustiers

## 5. »Aufstehen und weitermachen« – resilientes Verhalten fördern

Resilienz ist die glückliche Gabe, nach einem Tiefschlag aufzustehen und weiterzumachen. Wenn harte Zeiten kommen, hilft Resilienz einem, mit widrigen Verhältnissen fertigzuwerden.

Kinder und Jugendliche entwickeln Resilienz, wenn sie Folgendes haben:

- das Gefühl, von ihrer Familie geliebt zu werden,
- ganz unterschiedliche Freunde und
- einen Erwachsenen außerhalb der Familie, der sie mag.

### *Von der Familie geliebt werden*

Sie können Ihrem Kind dabei helfen, die Fähigkeit zu entwickeln, Krisen zu meistern, indem Sie nie einen Zweifel daran lassen, dass Sie es lieben (auch dann, wenn Sie gerade gar keinen Zweifel daran lassen, dass es Ihnen überhaupt nicht gefällt, wie es sich im Moment benimmt).

Eine Möglichkeit, seine Liebe zu einem stressigen Kind auszudrücken, ist, nicht so oft nachzugeben, dass man sich irgendwann ausgenutzt vorkommt. Eltern, die zu oft nachgeben, fühlen sich irgendwann voller Groll, und das wirkt zersetzend für eine wohlwollende Grundhaltung in Familien. Wenn Sie sich so fühlen, machen Sie Schluss damit! Gönnen Sie sich eine Pause. Seien Sie einmal eine Zeit lang weniger hilfsbereit.

Sie tun niemandem einen Gefallen, wenn Sie vor lauter Erschöpfung und Schlafentzug nicht mehr geradeaus gucken können. Die Erziehung stressiger Kinder greift sogar die Reserven der stärksten Menschen an. Erziehung ist ein Marathonlauf, kein 100-Meter-Sprint, und nur wenn Sie auf sich selbst achten, können Sie Ihrem Kind geben, was es braucht, und gleichzeitig sicherstellen, dass Sie genug Energie haben, um weiterzumachen.

Der wichtigste Faktor auf dem Weg Ihres Kindes in ein wunderbares Leben ist seine Beziehung zu Ihnen. Ein positives, starkes Verhältnis zu den Eltern hat oberste Priorität. Wenn also das Verhalten von Kind oder Eltern die Stärke dieser Beziehung bedroht, ist es Zeit, einen neuen Ansatz auszuarbeiten.

### Sieben Botschaften an Eltern, die zu viel tun

1. Denken Sie daran: Eines Tages wird das Kind vielleicht ohne Sie zurechtkommen müssen.
2. Kinder lernen Kompetenz und Selbstvertrauen, indem sie manche Dinge allein in Angriff nehmen.
3. Es gibt durchaus Situationen, in denen das Kind auch ohne Ihre Hilfe zurechtkommt.
4. Hilfe ist nicht immer hilfreich. Manchmal beraubt es Menschen der Gelegenheit, ihren eigenen Lösungsweg für etwas zu finden.
5. Die zähesten Bäume wachsen in windigen Gegenden. Wenn Sie Ihrem Kind alles abnehmen, helfen Sie ihm nicht, die Widrigkeiten des Lebens zu bewältigen.
6. Tun Sie selten oder nie etwas für ein Kind, was es ebenso gut selbst erledigen kann.
7. Ausnahmen werden eher gewürdigt. Wenn Sie sich nicht genug gewürdigt oder ausgenutzt vorkommen, reduzieren Sie Ihre Dienstleistungen.

*Ganz unterschiedliche Freunde haben*
Der zweite Resilienzfaktor ist Freundschaft. Suchen Sie ständig nach Möglichkeiten, den Freundeskreis Ihres Kindes zu erweitern. Der Idealfall wäre, wenn Ihr Kind einige Freunde in der Schule und einige im außerschulischen Bereich hat. Gelegenheit zum Knüpfen von Kontakten ergibt sich beispielsweise in Jugendgruppen, in der weiteren Verwandtschaft, in Sportvereinen, Musikschulen, Schach- oder Theaterclubs, kirchlichen Jugendgruppen oder bei den Pfadfindern.

Oft scheint es, dass die stressigen Kinder, die echte Probleme bekommen, diejenigen sind, die ihre Freundschaften auf wenige Gleichgesinnte beschränken. Bringen Sie Ihr Kind immer wieder mit einer Vielzahl verschiedenster Menschen in Kontakt.

Einige stressige Kinder sind Einzelgänger. Gegen Einzelgänger ist zwar nichts einzuwenden, aber Übung im Umgang mit den unterschiedlichsten Menschen ist etwas, was keinem Kind schaden kann. Das gilt besonders für tricky Kids, die oft nur ein oder zwei Möglichkeiten der Interaktion kennen.

*Ein Erwachsener außerhalb der Familie*
Kinder zu erziehen ist nicht leicht. Kinder mit viel Entschluss- und Tatkraft zu erziehen ist ein schwieriges und anstrengendes Geschäft. Da kann es unglaublich viel ausmachen, wenn es einen Erwachsenen gibt, der nicht zur Familie gehört und dem Sie zutrauen können, eine positive Beziehung zu Ihrem Kind aufzubauen. Dieser Erwachsene sollte nicht an Diziplinarmaßnahmen oder dem Klären auftretender Probleme beteiligt werden, sondern vielmehr jemand sein, zu dem das Kind gehen kann, wenn es das Gefühl hat, es könne mit etwas nicht zu Ihnen kommen.

## 6. Achten Sie besonders darauf, was Sie kurz vor dem Einschlafen mit Ihrem Kind anstellen

Das, was direkt vor dem Einschlafen passiert, wird in Träumen verarbeitet. An das, was Sie zu Ihrem Kind sagen, kurz bevor es ins Bett geht, wird es sich am deutlichsten erinnern. Wichtig ist also: Egal, was für einen furchtbaren Tag Sie hatten, egal, was für Konflikte es gegeben hat, egal, wie viele harte Worte auf beiden Seiten gefallen sind – finden Sie die Zeit, vor dem Schlafengehen Frieden zu schließen.

Wenn Sie den Eindruck haben, dass Ihr Kind bei dem ganzen Trubel des Tages vielleicht vergessen hat, wie sehr Sie es lieben, erinnern Sie es daran. Damit bauen Sie eine Brücke des Friedens und der Verbundenheit, die hoffentlich bis in den nächsten Tag hinüberreichen wird.

## 7. Lernen Sie die Freunde des Kindes kennen (und geben Sie ihnen zu essen)

Eltern, die die Freunde ihres Kindes kennen, befinden sich in einer starken Position. Eltern von stressigen Kindern müssen versuchen, die Freunde ihres Kindes kennenzulernen – und, wenn möglich, auch deren Eltern.

Was ist die beste Methode, Kinder und Jugendliche besser kennenzulernen? Geben Sie ihnen etwas zu essen, laden Sie alle zur Grillparty ein!

Und wie lernt man am besten die Eltern der Freunde des Kindes kennen? Erstens: Fragen Sie niemals vorher Ihr Kind, ob Sie die Eltern seiner Freunde anrufen dürfen. Tun Sie es einfach. Stellen Sie sich vor. Und sobald sich eine Gelegenheit ergibt, stellen Sie sich erneut vor: »Hallo, ich bin …, die Mutter (der Vater) von …«

Denn die meisten Leute sind sehr beschäftigt, und es ist gar nicht so einfach, sich immer an die Namen aller Eltern aller Freunde der Kinder zu erinnern. Wenn Sie sich vorstellen und die Erinnerung der anderen Eltern immer wieder auffrischen, vergrößern Sie die Wahrscheinlichkeit, dass Sie, sollten Probleme auftreten, diese gemeinsam besprechen können.

## 8. Suchen Sie nach Gesprächsstoff

Manche stressige Kids können sehr beredt sein, wenn sie wütend sind, sind aber in ruhigeren Phasen kaum zum Sprechen zu bewegen. Das heißt, bei Auseinandersetzungen fliegen die Fetzen, aber wenn Sie eine Chance sehen, durch ein entspanntes Gespräch einen Zugang zu Ihrem Kind zu finden, dann reagiert es ungefähr so lebhaft wie ein Backstein.

Suchen Sie nach Gesprächsstoff. Wenn Sie nicht fündig werden, erkundigen Sie sich bei den Lehrern des Kindes, dem Trainer oder den Eltern seiner Freunde. Oder achten Sie mal darauf, welche Fernsehsendung sich Ihr Kind besonders gern ansieht, und dann setzen Sie sich zu ihm und schauen die Sendung gemeinsam an. Tun Sie das einige Wochen lang, ohne irgendwelche Kommentare abzugeben, und fangen Sie dann an, Themen aus der Sendung zu nehmen, um ein Gespräch zu erleichtern.

Wenn zu den Ritualen, die in Ihrer Familie leider fallengelassen wurden, eine gemeinsame Mahlzeit ohne Fernseher, Radio, Computer oder andere elektronische Geräte gehörte, schalten Sie vor gemeinsamen Mahlzeiten alles aus und den Anrufbeantworter ein und versuchen Sie, eine Unterhaltung anzufangen. (Sollte sich allerdings die Essenszeit mit der Lieblingssendung des Kindes überschneiden, wäre es vielleicht besser, die Essenszeit zu verschieben.)

Die gemeinsame Mahlzeit ohne elektronische Ablenkungen kann anfangs für die ganze Familie etwas ungewohnt sein. Eine Familie erzählte mir, dass sie verabredet hatten, sechs Wochen lang zu versuchen, wenigstens eine Mahlzeit am Tag ohne Elektronik einzunehmen. Die ersten fünf Mahlzeiten vergingen in peinlichem Schweigen. Bei der sechsten gab es Streit. Es dauerte drei Wochen, bevor am Tisch mehr zu hören war als ein gelegentliches Grunzen.

Wichtig ist, beharrlich zu bleiben. Es ist leicht für Eltern, der magnetischen Anziehungskraft nachzugeben, die Videospiele, Computer und Fernseher auf Kinder ausüben. Lassen Sie sich bei Gesprächsversuchen nicht durch Achselzucken, »Weiß nich« und »Nichts« abwimmeln.

## 9. Timing ist alles!

Erwischen Sie sie im richtigen Moment. Es ist wichtig, sich eins klar zu machen: Wenn Ihr Kind gerade auf dem Sofa herumlümmelt, ist wahrscheinlich nicht der beste Zeitpunkt, es aufzufordern, mal schnell den Müll rauszubringen, die Katze zu füttern, den Goldfisch zu kitzeln, den Geschirrspüler auszuräumen oder das Haus neu zu streichen! Warten Sie einen der seltenen Augenblicke ab, in denen das Kind sich in aufrechter Haltung und, idealerweise, in Bewegung befindet, und versuchen Sie es dann.

Machen Sie sich auch klar, dass es dauert, bis das Kind die Aufforderung verarbeitet hat. Bei Jugendlichen ist es besonders wichtig, das zu wissen. Fordern Sie Ihren Teen zu etwas auf oder machen Sie Ihren Vorschlag, und entfernen Sie sich dann. Lassen Sie den Verarbeitungsprozess einsetzen. Es kann schon ein paar Minuten dauern, bevor ein Gedanke in Handlung umgesetzt wird. Unkluge Eltern sprechen eine Aufforderung aus und warten dann in der Nähe, während das Kind die Information verarbeitet. Tun Sie das nicht. Fordern Sie es zu etwas auf und gehen Sie dann weg. Kommen Sie in regelmäßigen Abständen wieder, um nachzusehen, ob es Fortschritte gegeben hat, und loben Sie diese – seien sie auch noch so klein.

Eine Mutter hat das kürzlich ausprobiert. Sie kam nach Hause, sagte zu ihrer Tochter: »Bitte bring den Müll raus« und verließ das Zimmer. Im Haus herrschte tödliche Stille. Kein Laut. Dann hörte sie die Hintertür zuknallen, und die Tochter sagte: »Aber die Mülltonne stell ich nicht an die Straße!«

## 10. Das Kind braucht Sie!

In dunkleren Momenten ist das vielleicht schwer zu glauben. Aber Kinder brauchen ihre Eltern. Stressige Kinder wahrscheinlich noch mehr als andere. Sie brauchen mehr gemeinsam verbrachte Zeit mit den Eltern – um sich geliebt zu fühlen, um zu lernen, ihre unberechenbaren Impulse zu zügeln, und um zu empfinden, dass sie auch etwas zurückgeben können. Vielleicht vermitteln sie nicht immer diesen Eindruck, aber es ist so.

Alle Kinder fürchten sich davor, verlassen zu werden. Stressige Kinder fürchten häufig, nicht geliebt zu werden, wenn sie nicht witzig genug sind, nicht abenteuerlustig genug, nicht entschlossen genug, nicht erfolgreich genug. Hinter ihrer Energiegeladenheit verstecken sich oft Ängste und Sorgen.

Zu lernen, dass man geliebt wird, weil man ist, wie man ist, und nicht für etwas, was man getan hat, gehört zu den großen Lektionen des Lebens. Auch tricky Kids müssen diese Lektion lernen, und es ist eine Lektion, die nur ihre Eltern ihnen beibringen können.

> *Neueste Nachricht! Ihr Kind braucht Sie nicht als Freund oder Freundin. Es braucht Sie als »grimmigen Freund«.*

## Grimmige Freundschaft

Eine der besten Definitionen guter Erziehung für stressige Kinder, auf die ich je gestoßen bin, stammt aus der buddhistischen Tradition – die »grimmige Freundschaft«.

»Grimmige Freunde« zeichnen sich dadurch aus, dass sie:

- die Beziehung behandeln, als gebe es keine Alternative,
- sich verhalten, als seien sie immer auf der Seite ihres Kindes, und
- sich ganz eindeutig nicht den Mist gefallen lassen, den das Kind gelegentlich von sich gibt.

Hoffentlich haben Sie selbst einen grimmigen Freund oder eine grimmige Freundin in Ihrem Leben. Solche Freunde sind nicht immer die angenehmste Gesellschaft, denn sie erzählen einem Dinge über einen selbst, die man manchmal gar nicht hören will. Es sind Menschen, auf die man sich verlassen kann, die man um Hilfe bitten kann, wenn es hart auf hart kommt.

Seinem Kind ein grimmiger Freund zu sein erfordert manchmal stählerne Entschlossenheit. Das Erste, was Sie tun müssen, ist, sich entschieden ins Zentrum des Lebens Ihres Kindes zu stellen. Stressige Kids sind gut darin, ihre Eltern an den Spielfeldrand zu manövrieren, wenn es ihnen passt. Lassen Sie sie wissen, dass sie, solange sie heranwachsen, mit Ihnen verhandeln müssen, wenn sie wollen, dass etwas passiert.

Es ist fast, als würden Sie zu Ihrem Kind sagen: »Egal, was passieren sollte, was auch geschehen mag, du wirst dich mit mir auseinandersetzen müssen.« Ein solches Maß an Festigkeit mag hart klingen, aber in Wahrheit beruhigt es das Kind und hilft ihm, durch seine Beziehung zu Ihnen festen Halt im Leben zu finden. Was Sie damit Ihrem Kind vermitteln, ist: »Was auch geschieht, ich werde dich nicht aufgeben.« Diese Sicherheit ist für Jugendliche ebenso wichtig wie für kleinere Kinder.

Das zweite Merkmal grimmiger Freunde ist, dass sie immer auf deiner Seite sind. Sie sind deine größten Unterstützer. Tricky Kids haben eine Begabung dafür, das Schlimmste aus manchen Erwachsenen hervorzulocken. Unglücklicherweise haben diese Kids und Teens daher reichlich Gelegenheit, die Welt als einen feindlichen, strafenden Ort wahrzunehmen. Dafür brauchen sie einen Gegenpol – und dieser Gegenpol sind Sie.

Der größte Unterstützer Ihres Kindes zu sein bedeutet, den Blick eher auf seine Stärken und positiven Seiten zu richten als auf seine irritierenden Verhaltensweisen. Es bedeutet, wenn das Kind mal total ausrastet, sind Sie da, um zu sagen: »Keine Sorge, ich weiß, du wirst es schaffen.« Stressige Kids brauchen immer dann am meisten Liebe, wenn sie diese am wenigsten verdienen.

In der Beratung sprechen stressige Kids oft darüber, wie wichtig es ihnen ist, dass ihre Eltern an sie glauben. Ein junger Erwachsener sagte nachdenklich zu mir: »Ich war auf dem besten Weg, eine Drogenkarriere einzuschlagen, aber meine Mutter hat mir immer wieder gesagt, dass sie an mich glaubt und dass sie mich liebt, und da konnte ich sie doch nicht im Stich lassen.«

Grimmige Freundschaft bedeutet auch, Ihrem Kind dabei zu helfen, manche negative Folgen zu vermeiden. Das Kind zu packen oder abzulenken und aus der Gefahrenzone zu entfernen sind wichtige Strategien.

Manche Elternratgeber vertreten die Auffassung, Eltern sollten Kinder die logischen Folgen ihres Verhaltens spüren lassen. Bringt ein Kind beispielsweise nie seine dreckige Wäsche in die Wäschetonne, wird seine Wäsche eben nicht gewaschen, und so wird das Kind es irgendwann lernen. Das ist logisch und klappt auch bei vielen Familien.

Aber bei stressigen Kindern klappt es eben nicht. Die extreme Art ihrer Verhaltensweisen erfordert schnellere Eingreifmethoden. Ein Kind, das ständig in der Öffentlichkeit ausrastet oder Wutanfälle bekommt, wird irgendwann feststellen, dass es sich damit bei anderen Kindern nicht gerade beliebt macht – damit hat es einen Zusammenhang zwischen seinem Verhalten und den sich daraus ergebenden Folgen hergestellt. Wenn Sie sich nun aber einfach zurücklehnen und abwarten, bis die Lektion gelernt ist, wird Ihr Kind zu dem Zeitpunkt vielleicht gar keine Freunde mehr haben. Man lässt Kinder ja auch nicht auf der Straße spielen, damit sie lernen, sich nicht von Lastwagen überfahren zu lassen.

Wie wir in späteren Kapiteln sehen werden, müssen wir uns sehr viel mehr auf die Tanzschritte der Kinder einstellen.

### Wenn Sie solo fliegen ...

Die Erziehung stressiger Kids kann manchmal unglaublich harte Arbeit sein. Solche Kinder sind in der Lage, selbst das stoischste Elternpaar zu entzweien. Wenn Sie allein eine kleine Nervensäge erziehen, werden die Herausforderungen sich möglicherweise vervielfachen.

Einige Hinweise für alleinerziehende Eltern stressiger Kids:

- *Sorgen Sie dafür, dass Sie genug Schlaf bekommen.* Manche stressige Kids zeichnen sich durch praktisch unbegrenzte Energie aus, was bedeutet, dass Sie erschöpft sein werden. Setzen Sie felsenfeste Schlafzeiten fest. Lesen Sie gründlich die Abschnitte über Schlaf in Teil 3.

- *Rufen Sie die Kavallerie.* Es wird Tage geben, an denen Sie das Gefühl haben, als Mutter oder Vater völlig zu versagen. Dann sollten Sie jemanden haben, dem Sie vertrauen. Rufen Sie an, erzählen Sie alles und bitten Sie um Rat. Betrachten Sie diesen Menschen als Ihren Trainer. Das bedeutet nicht, dass Sie die Ratschläge immer befolgen müssen, aber wenn Sie darüber sprechen, wird Ihnen klarer werden, was zu tun ist.
- *Halten Sie an Ihren Freunden fest.* Stressige Kids sind in Gesellschaft manchmal schwer zu bändigen, was zur Entfremdung führen kann. Einige Ihrer Freunde werden verständnisvoll reagieren und verstehen, vor welchen Herausforderungen Sie stehen, andere werden weniger kinderfreundlich sein. Finden Sie heraus, wer zu welcher Kategorie zählt, damit Sie wissen, wen Sie zu Ausflügen mit den Kindern einladen können und mit wem Sie sich lieber in einem kinderfreien Umfeld treffen sollten.
- *Nicht jeder Kampf muss gewonnen werden.* Alleinerziehende können sich nicht leisten, jedes Thema mit einem stressigen Kind auszukämpfen – dafür langt die Energie nicht. Viele stressige Kids lieben Familiendramen und finden sie ausgesprochen unterhaltsam. Überlegen Sie genau, was die fünf wichtigsten Dinge sind, die Sie Ihrem Kind oder Ihren Kindern mitgeben wollen. Das kann ein Schulabschluss sein, Ehrlichkeit, die Fähigkeit, ein guter Freund zu sein, zu seinem Wort zu stehen, und andere Leute so zu behandeln, wie man selbst behandelt werden möchte. Wenn Sie Ihre Prioritäten ausgearbeitet haben, konzentrieren Sie sich ausschließlich darauf. Das sind die Themen, bei denen Sie auf einen Kampf eingestellt sein sollten. Nehmen Sie bei den meisten anderen Fragen die Segel aus dem Wind.
- *Suchen Sie sich etwas, was Ihnen hilft, wieder einen klaren Kopf zu bekommen.* Ein kleines Ritual, durch das Sie jeden Tag wenigstens ein wenig Zeit für sich haben, ermöglicht es Ihnen, nicht alles so tragisch zu sehen.
- *Schützen Sie Ihre neue Romanze.* Tricky Kids können so

daran gewöhnt sein, in ihrer Familie Macht auszuüben, dass sie sich extrem bedroht fühlen, wenn Mutter oder Vater jemand Neues kennenlernt. Ihre Verhaltensweisen können sich intensivieren und so die beginnende Romanze im Keim ersticken. Es ist wahrscheinlich am besten, den neuen Partner erst einmal von Ihren kleinen Nervensägen fernzuhalten, bis die Beziehung sich gefestigt hat.
- *Sie sind die biologische Mutter/der biologische Vater.* Wenn Sie eine neue Beziehung eingegangen sind, lassen Sie nicht zu, dass der neue Partner Ihr stressiges Kind erzieht. Ein neuer Partner will oft helfen und beschützen. Das bedeutet, er könnte sich veranlasst sehen einzugreifen, wenn Ihre Kids Ihnen das Leben schwermachen. Lassen Sie das nicht zu. Dadurch entsteht nur Groll, bei dem Kind und möglicherweise auch bei dem neuen Partner. Lassen Sie ihn freundlich wissen, dass Sie ihn lieben, aber nicht als Hilfs-Elternteil wollen.

## Die folgenden Kapitel

Selbstverständlich sind stressige Kinder Individuen. Sie bleiben sich selbst treu. Aber während meiner langjährigen Arbeit mit Kindern und Jugendlichen ist mir aufgefallen, dass bestimmte Muster offenbar immer wieder auftreten.

Auch wenn Ihr Kind vielleicht nicht 100-prozentig in eine der beschriebenen Kategorien passen sollte, lohnt es sich, die folgenden Kapitel durchzulesen, in denen häufige Verhaltensweisen beschrieben werden. Es sollen Ihnen ein paar Ideen für wirkungsvolle Strategien an die Hand gegeben werden.

Tricky Kids haben Verhaltensmuster, die so festgelegt sein können wie Tanzschritte. Das Problem dabei ist, wenn eine kleine Nervensäge mit einer Tanzeinlage anfängt, schleicht nur zu oft die ganze Familie auf Zehenspitzen um sie herum. In den folgenden Kapiteln werde ich versuchen, Sie mit ein paar der häufigeren Tanzeinlagen vertraut zu machen und Ihnen ein paar gute eigene Schritte zu zeigen.

Es ist nicht entscheidend, ob Sie Ihr Kind genau einem Typus zuordnen können. Die wichtigere Frage lautet: »Was braucht mein Kind von mir?«

Die folgenden Beschreibungen werden nicht jedem gefallen. Sie sind konfrontativ und können beim ersten Lesen vielleicht ein wenig zu negativ klingen, aber ich finde es wichtig, einen ehrlichen Blick darauf zu werfen, was die verschiedenen Kindertypen oft so machen und wie wir ihnen helfen können.

Tricky Kids (und ganz allgemein Leute mit viel Entschluss- und Tatkraft) haben oft das Problem, dass sie wie Zirkuspferde sind, die nur ein einziges Kunststück beherrschen. Sie kennen nur eine einzige Art der Interaktion, und das war's dann. Da sie energiegeladene Persönlichkeiten sind, sind sie oft sehr erfolgreich mit den eingesetzten Strategien. Das Problem kann sein, dass sie sich deshalb gar nicht bemühen, andere Strategien zu erlernen.

Eltern wissen, dass ihre Kinder verschiedene Umgangsweisen mit der Welt lernen müssen, wenn sie Erfolg haben und sich nicht unterkriegen lassen sollen.

### Zum Mitnehmen

- Die Erziehung stressiger Kids erfordert eine klare Strategie.
- Planen Sie Ihr Vorgehen so gründlich wie ein Meisterstratege.
- Lernen Sie die Kunst der Konfliktvermeidung.
- Vermeiden Sie provozierende Fragen.
- Bei stressigen Kids sind gute Gewohnheiten wirkungsvoller als Worte.

# 2 Der Ränkeschmied

*Motto: Alles, was nötig ist*

## Maskottchen

**Angelica** aus der Kinderserie »Rugrats«: Sie ist gerissen und verschlagen, spielt anderen gern Streiche und liebt es, ihre Vettern, Cousinen und Freunde dumm dastehen zu lassen.
**Königin Elizabeth I.**: Ihr Vater, Heinrich VIII., ließ ihre Mutter Anne Boleyn köpfen, und sie selbst wurde von ihrer Halbschwester Maria Tudor eingesperrt. Später ließ sie ihre Cousine Maria Stuart hinrichten. Als Englands erste regierende Monarchin musste sie sich jahrelang vor Verschwörungen schützen, und sie verstand es meisterhaft, die verschiedenen Parteien gegeneinander auszuspielen.
**Henry Kissinger**: Als Sicherheitsberater Präsident Nixons arrangierte Kissinger 1972 Nixons berühmte Besuche in China und der Sowjetunion, die die Spannungen zwischen den USA und den beiden kommunistischen Mächten verringern sollten.

Ränkeschmiede sind Kinder, die Erwachsene um den Finger wickeln, sie zum Frühstück verspeisen, hinters Licht führen und bezaubern können. Oft dominieren sie andere und bestimmen über sie. In manchen Fällen schikanieren sie andere Kinder, aber sie sind sehr, sehr gut darin, sich gegenüber Erwachsenen süß und niedlich zu geben.

Die kleinen Ränkeschmiede dieser Welt sind alles andere als Engel, und es befinden sich genauso viele Jungen wie Mädchen unter ihnen.

## Merkmale und Verhaltensweisen

Ränkeschmiede sind entschlossene Persönlichkeiten, die langfristig oft äußerst erfolgreich im Geschäfts- und Wirtschaftsleben sind. Es sind oft zielstrebige Menschen, die gern alles in die Hand nehmen und anderen Leuten sagen, wo es langgeht. Man kann nur hoffen, nicht eines Tages einen Ränkeschmied zum Chef zu haben.

Ränkeschmiede sind der lebende Beweis für die Wahrheit des berühmten Ausspruchs des französischen Diplomaten und Schriftstellers Jean Giraudoux: »Das Geheimnis des Erfolgs ist Aufrichtigkeit – sobald man die vortäuschen kann, hat man's geschafft.«

Diese Kids können im Familienumfeld ganz harmlos sein. Trotzdem wissen sie im Allgemeinen sehr genau über ihre Rechte Bescheid – besser als über ihre Pflichten. Es ist wichtig zu wissen, dass Ränkeschmiede in einem anderen Umfeld ein völlig anderes Verhalten an den Tag legen können.

Für Eltern ist es ein enttäuschender Moment, wenn sie erkennen müssen, dass ihr Goldkind, das sich so hervorragend mit Erwachsenen verträgt und so reizend sein kann, sich beim Spiel mit gleichaltrigen Kindern als absoluter Diktator erweist.

Versuchen Sie, einen Ränkeschmied nie unbeaufsichtigt in einer Gruppe von Kindern zu lassen, da er oft versucht, andere gegeneinander auszuspielen. Das erreicht er gewöhnlich, indem er die Partei eines Kindes ergreift, auf Kosten eines anderen.

Wenn diese Kids sich mit Freunden zerstreiten, dann gewöhnlich richtig.

Sie können ziemlich heftig werden und andere ganz bewusst ausschließen. Als Folge davon brauchen sie häufig viel Hilfe dabei, Freundschaften aufzubauen und zu lernen, wie man sich wieder verträgt.

Bei Konflikten mit den Eltern wissen die kleinen Ränkeschmiede dieser Welt genau, wie man auf die Pauke haut. Sie können ziemlich provozierend und anklagend werden und ihren Eltern an den Kopf werfen, sie seien dumm.

Ränkeschmiede sind Kinder, die nicht nur ständig im Zentrum

der Aufmerksamkeit stehen wollen, sondern auch immer die Besten sein müssen. Wenn man sich zwischen einen kleinen Ränkeschmied und sein Ziel stellt, riskiert man, beschimpft, runtergemacht und in eine verbale Auseinandersetzung verwickelt zu werden, die sogar manchem Politiker die Röte in die Wangen treiben würde.

## Warum Ränkeschmiede Hilfe brauchen

Die Ränkeschmiede dieser Welt sind extrem ehrgeizig und zielbewusst. Nun könnte man einwenden, dass sie damit doch für den Erfolg in unserer modernen Welt geradezu prädestiniert seien. Das Problem ist nur, Ränkeschmiede stehen auf dem Standpunkt des Alles-oder-nichts. Wenn sie nicht jedes Mal gewinnen (und seien wir doch mal ehrlich, wer tut das schon?), sind sie am Boden zerstört. Ihr Selbstwertgefühl basiert auf nichts Positivem.

Im Prinzip gehen sie von der Vorstellung aus, dass der Zweck die Mittel heiligt. Wenn sie, um zu gewinnen (oder Erwachsene zu beeindrucken), lügen, betrügen oder jemanden anschwärzen müssen, werden sie das tun – Hauptsache, es nützt ihnen.

Ein weiteres Problem ist, dass Ränkeschmiede sich nur mit wenigen Menschen gut verstehen. Wenn man ihnen nicht hilft, ihre soziale Kompetenz zu verbessern, werden sie irgendwann bestenfalls respektiert, häufig gefürchtet und selten gemocht werden. Es besteht die Gefahr, dass sie vereinsamen.

## Häufige Reaktionen Erwachsener auf Fehlverhalten

Die Reaktion der Eltern auf Fehlverhalten wechselt häufig. Erst kommt Ungläubigkeit – »Sie müssen ein anderes Kind meinen« –, da der kleine Ränkeschmied sich so gut darauf versteht, sich bei Erwachsenen einzuschmeicheln. Meistens ist es für die Eltern ein Schock, wenn sie von einigen der sozialen Interaktionen des Kindes erfahren. Das kann dazu führen, dass sie versuchen herauszufinden, was diese Veränderung in ihrem Kind bewirkt hat. Meistens hat es keine Veränderung gegeben; das Einzige, was anders ist, ist die Wahrnehmung der Eltern.

Die häufigste Reaktion, die dann folgt, ist Scham. Die Eltern machen sich Sorgen, dass ihr Kind später zu einem Tyrannen werden könnte, der andere drangsaliert. Das muss nicht zwangsläufig so kommen, aber es sollte etwas getan werden, um den Ränkeschmieden zu helfen. Eltern verspüren dann häufig den Wunsch, das Kind bei seinen Manipulationen zu ertappen, was zu Misstrauen und Heimlichtuerei führen kann.

Zu den bizarren Zügen der Erziehung stressiger Kids gehört, dass man unter Umständen anfängt, genau die Verhaltensweisen an den Tag zu legen, die man dem Kind eigentlich abgewöhnen will. Eine Mutter, die sich sorgt, dass ihr Kind Geheimnisse vor ihr haben könnte, fängt dann etwa an, heimlich sein Zimmer zu durchsuchen und seine Tagebücher zu lesen. Es besteht das große Risiko, dass Eltern genau das Verhalten vorleben, das sie eigentlich abbauen wollten.

## Häufige Reaktionen der Kinder auf Vorhaltungen

Kennen Sie die Szene aus dem Film »Der Exorzist«, in der Linda Blairs Kopf sich dreht und grüner Schaum aus ihrem Mund quillt? Nun, die Reaktion kleiner Ränkeschmiede, die von den Eltern auf ihr Fehlverhalten angesprochen werden, ist ziemlich eindrucksvoll, aber ganz so schlimm dann doch nicht. Oft lügen sie, und wenn das nicht klappt, geben sie den Eltern die Schuld und ziehen ihre Herkunft, ihre Intelligenz und manchmal sogar ihre geistige Gesundheit in Zweifel.

## Erziehungsstrategien

Ränkeschmiede haben gewöhnlich Jahre damit zugebracht, sich bei Erwachsenen einzuschmeicheln, und sind äußerst geschickt darin, sich selbst als kompetent und reif darzustellen. Die erste

Frage, der sich Eltern stellen sollten, lautet daher: Haben wir unserem Kind zu viele Freiheiten gelassen? Diese Kinder und Jugendlichen können ernsthaft unter-erzogen sein und brauchen unter Umständen verstärkte Beaufsichtigung, um zu lernen, auf gute Weise mit Gleichaltrigen umzugehen.

Wenn man ihnen wirklich helfen will, ist eine erhebliche Zeit-Investition erforderlich. Diese Kids sind daran gewöhnt, das Prinzchen oder das Prinzesschen zu sein, und es dauert seine Zeit, bis sie sich damit abgefunden haben, dass ihr quasi-königlicher Status nicht mehr besteht.

Sie fangen an, sich zu verändern, wenn sie endlich auf einen Erwachsenen treffen, der sie durchschaut, für den sie ein offenes Buch sind. Oft blühen sie auf, wenn sie das Gefühl haben, dass ihre Eltern auch hinten Augen haben, jedes kleine Fehlverhalten erkennen und keinen Zoll nachgeben.

Das muss nicht unangenehm oder strafend geschehen. Im Gegenteil, die effektivste Methode ist, fröhlich zu dem kleinen Ränkeschmied zu sagen: »Ich ziehe heute mit dir los.« Oder: »Du kommst heute mit mir mit.« Vielleicht verdreht er dann die Augen, beschwert sich oder protestiert: »Ich hab gar nichts gemacht.« Die beste Reaktion darauf ist ein freundliches: »Nein, aber du könntest.«

Es ist immer faszinierend zu beobachten, wie sich durch den intensiven Kontakt ein Band zwischen einem kleinen Ränkeschmied und dem Elternteil bildet, der diesen sehr aktiven Erziehungsstil annimmt. Das Kind ist oft fast erleichtert, endlich einem richtigen, vollwertigen Erwachsenen begegnet zu sein.

Ränkeschmiede können sehr erfolgreich ein Unterstützungsnetzwerk von Gefolgsleuten aufbauen. Das können Freunde sein, aber auch Großeltern oder Geschwister. Wenn Sie anfangen, diesen Kids zu helfen, ihre manipulierende Art abzulegen, tun Sie es nicht in Gegenwart des Anhangs.

Wenn man einem Ränkeschmied helfen will, ein Mensch zu werden, der ebenso geben wie nehmen kann, muss man ihm helfen zu lernen, wie man gut mit anderen Menschen zurechtkommt. Das ist eine Lektion, die den meisten Ränkeschmieden sehr schwerfällt. Es ist wichtig, nicht zu vergessen, dass Leute, die auch geben können, gewöhnlich glücklichere Menschen sind. Die Fähigkeit, die Bedürfnisse anderer zu berücksichtigen, ist eine entscheidende Voraussetzung für Erfolg im Leben und zudem eine Quelle von Widerstandskraft.

Diese Kids können zu großen Führungspersönlichkeiten heranwachsen. Lassen Sie Ihr Kind ein Ziel wählen, beispielsweise, einen bestimmten Menschen glücklich zu machen. Gehen Sie seine Probleme an, insbesondere das niedrige Selbstwertgefühl (siehe Kapitel 20). Gewöhnlich gewinnen diese Kinder ihr Selbstvertrauen dadurch, dass sie andere ausstechen, nicht durch irgendetwas Positives.

## Zum Mitnehmen

Ränkeschmiede:
- können Erwachsene um den kleinen Finger wickeln, sie zum Frühstück verspeisen, sie hinters Licht führen und bezaubern,
- drangsalieren manchmal andere Kinder,
- sind sehr gut darin, Erwachsenen zu schmeicheln,
- sind entschlossen, extrem ehrgeizig und zielstrebig,
- zerstreiten sich mit Freunden – wenn, dann gewöhnlich richtig,
- müssen im Zentrum der Aufmerksamkeit stehen und immer die Besten sein,
- gehen von der Vorstellung aus, dass der Zweck die Mittel heiligt, und
- werden lügen und andere anschwärzen, um selbst besser dazustehen (oder Erwachsene zu beeindrucken).

# 3 Der Wortverdreher

*Motto: Es gibt immer ein neues Publikum*

## Maskottchen

**Bart Simpson**: Der freche Klassenclown mit seinen schlagfertigen Schnellfeuer-Erwiderungen ist der geborene Wortverdreher.

**Emmeline Pankhurst** (1858–1928): Arbeitete unermüdlich für das Frauenstimmrecht. Wegen ihrer Militanz wurde sie mehrmals inhaftiert. Im Gefängnis ging sie in den Hungerstreik, bis sie aus Gesundheitsgründen freigelassen wurde – bis zur nächsten Inhaftierung.

**Kleopatra**: Herrschte von 51–30 v. Chr. über Ägypten und brachte ihrem Land – mittels ihrer Raffinesse und ihrer Allianzen mit Julius Cäsar und Marc Anton – Wohlstand und Frieden.

Diese Kids sind gerissen und trickreich und können einen locker in die Tasche stecken, wenn man nicht aufpasst. Bietet man zwei Alternativen an, lassen sie sich eine dritte einfallen. Bei drei Alternativen kommen sie unter Garantie mit Plan D. In Kinderbüchern gibt es eine lange Liste solcher Charaktere – von Bart Simpson bis Tom Sawyer und Huck Finn –, die sämtlich, würden sie heute die Schule besuchen, wahrscheinlich stark medikamentiert wären.

## Merkmale und Verhaltensweisen

Diese Kids haben eine große Zukunft in der Wirtschaft vor sich. Sie scheinen schon mit einer gehörigen Portion Gewieftheit geboren zu werden. Sie haben die Fähigkeit, andere für sich einzunehmen. Die Leute mögen sie (meistens). Bei der Erziehung von Wortverdrehern, diesen gewieften Verhandlungsführern, schwankt man zwischen Lachen und dem Wunsch, sie zu erwürgen.

> *Goldene Regel: Wortverdreher haben mehr Energie für Auseinandersetzungen, als ihre Eltern je aufbringen könnten.*

Das heißt, bei der Erziehung dieser Kinder ist es sehr wichtig, sich genau zu überlegen, welche Themen man mit ihnen aushandeln will. Sind es zu viele, wird man nicht nur nichts bewirken, sondern sehr bald erschöpft sein.

Die kleinen Wortverdreher dieser Welt sind gerissen und witzig. Sie werden versuchen, bei Ihnen zu Hause zu bestimmen, indem sie sich Anleitung und Anordnungen widersetzen. Sie nehmen andere für sich ein, indem sie den Spaßvogel geben, und das machen sie normalerweise großartig. Das Problem ist nur, dass sie nicht wissen, wann Schluss sein sollte.

Ein gemeinsamer Nenner bei Wortverdrehern ist, dass sie gern ablenken, um nur nichts in Angriff nehmen zu müssen, bei dem sie scheitern könnten. Die Wahrheit ist für diese Kinder etwas sehr Flexibles, das ohne Probleme zurechtgebogen werden kann.

## Warum Wortverdreher Hilfe brauchen

So humorvoll und einnehmend diese Kinder auch sein mögen, ihre Mauscheleien verschaffen ihnen oft einen schlechten Ruf bei Lehrern, und sie können in alle denkbaren Schwierigkeiten geraten. Für das spätere Arbeitsleben werden sie etwas über Integrität lernen müssen: zu seinem Wort stehen, tun, was man sagt, und der sein, der man zu sein vorgibt. In Kapitel 25 erfahren Sie mehr darüber.

## Häufige Reaktionen Erwachsener auf Fehlverhalten

Wortverdreher sind sehr witzig, und es kann vorkommen, dass Eltern, die erst mit ihnen gelacht haben, sich dann doch benutzt fühlen. Bei diesen Kids gehen wir alle das Risiko ein, unser eigener schlimmster Feind zu werden. Der Grund ist: Sie können ausgesprochen komisch sein. Also lachen wir mit, in der Hoffnung, damit ihr Wohlwollen zu gewinnen. Ha! Diese Kids können sich im Handumdrehen gegen einen wenden, und es kann leicht sein, dass man sich dann benutzt und persönlich gekränkt fühlt.

Genau wie es Eltern von Ränkeschmieden sehr leicht passieren kann, dass sie genau das Verhalten an den Tag legen, dem sie einen Riegel vorschieben wollten, besteht bei Eltern von Wortverdrehern das Risiko, dass sie versuchen, schlauer zu sein als ihre Kinder. Die Folge sind unerquickliche Machtkämpfe. Eltern sagen dann Sachen wie: »Ich werde es ihr schon zeigen«, »Ich bringe ihn schon dazu, es so zu machen, wie ich will« oder »Sie respektieren mich einfach nicht«.

## Häufige Reaktionen des Kindes bei Vorhaltungen

Die kleinen Wortverdreher dieser Welt wollen es nicht zeigen, dass sie sich fügen und tun, was man ihnen sagt. Ein wegwerfendes Schulterzucken oder eine flapsige Bemerkung sind oft die einzige Reaktion, die man bekommt.

Manche Wortverdreher ändern tatsächlich ihr Verhalten, wenn ihre Eltern sie dazu auffordern, aber sie tun es so, dass es bloß nicht so aussieht, als hätten sie gehorcht. Die Eltern sollten sich eher auf die Taten des Kindes konzentrieren als auf seine Worte oder seine Einstellung.

Andere Wortverdreher haben sich plötzlich »verletzt« oder leiden »Schmerzen«, um von der zur Diskussion stehenden Sache abzulenken. Manche genießen eine kurze Krankheitsphase richtig.

## Strategien zur Erziehung von Wortverdrehern

Diese Kinder können sehr liebevoll sein, und wenn man erkennt, was hinter ihrer rotzigen Art steckt, sind sie oft richtig süß. Meistens sind sie jedoch sehr auf Unabhängigkeit bedacht, was dazu führen kann, dass die Eltern sich nach Berührungen, Kuscheln und Zuneigung sehnen. Sie sollten darauf achten, dass in der Kuschelzeit nicht verhandelt wird. Lassen Sie sich nicht durch Küsschen und Geknuddel rumkriegen.

Das häufigste Problem, das ich bei Eltern dieses Kindertyps sehe, ist, dass sie von einem Extrem ins andere fallen. Es ist nicht gut, das Kind in einer Minute knuddeln zu wollen und in der nächsten den Wunsch zu verspüren, ihm den Hals umzudrehen. Das ist inkonsequent und führt dazu, dass das Kind bei ihnen zu Hause bestimmt. Verstehen Sie mich nicht falsch, es sind wunderbare Kids – es ist nur nicht schön, wenn sie über das Leben der Eltern bestimmen.

Die Erziehung dieser Kinder kann eine haarige Sache sein. Natürlich will niemand die Individualität von Kindern beschneiden, aber oft wollen diese Kids die Ausnahme von jeder Regel sein, die die Eltern festlegen – aufgrund irgendeines besonderen (möglicherweise völlig fiktiven) Bedürfnisses. Manchmal kann es notwendig sein, ihre Besonderheiten oder ihr Anderssein herunterzuspielen und zu betonen, dass es für die wichtigsten Regeln keine Ausnahmen gibt.

Diese Kinder brauchen klare, eindeutige Ansagen, und die Folgen einer Überschreitung dieser Grenzen müssen ihnen ins Gedächtnis eingebrannt werden. Auch für die Eltern dieser Kids ist es wichtig, nicht zu schnell zu viel zu wollen. Entscheiden Sie sich für ein oder höchstens zwei wichtige Regeln mit sehr klaren Konsequenzen. Sagen Sie dem Kind ganz deutlich, was Sie von ihm erwarten. Legen Sie die Grenzen fest. Erklären Sie, dass diese Regeln nicht verhandelbar sind.

Streiten Sie nicht und geben Sie nicht nach. Wenn es zum Konflikt kommt, ziehen Sie sich zurück, bis Sie sich wieder beruhigt haben. Denken Sie daran: Das Ziel ist nicht, das Kind Ihrem Willen zu unterwerfen – es soll vielmehr Integrität und Rücksichtnahme auf die Bedürfnisse anderer lernen, was ihm helfen wird, in der Welt zurechtzukommen.

In hitzigen Momenten sind Worte Ihre schlimmsten Feinde. Wortverdreher sind extrem geschickt darin, Wörter als Waffen einzusetzen, Dinge ins Komische zu ziehen, zu provozieren oder abzulenken.

Die meisten Wortverdreher legen Wert darauf, dass es ein Publikum für ihre Witze und Aktionen gibt. Es ist sinnlos, in Gegenwart ihrer Freunde oder, noch schlimmer, vor ihren Geschwistern oder Großeltern mit ihnen zu streiten. Führen Sie das Kind immer von seinem Publikum weg, bevor sie ein ernstes Wort mit ihm sprechen.

Viele dieser Kids lassen sich durch Belohnungen blenden. Sie legen oft mehr Wert auf kleine Geschenke als auf Lob, insbesondere, wenn sie glauben, dass es nicht leicht war, diesen Preis zu erringen. Setzen Sie lieber greifbare Belohnungen wie mehr Freizeit oder Leckereien ein als Lob allein.

*Jenny gehörte zu den witzigsten Kids, die je zur mir in Therapie kamen. Mit ihren acht Jahren hatte sie beide Eltern dazu gebracht, ihr aus der Hand zu fressen. Sie war trickreich, aufgeweckt und schlagfertig wie Bart Simpson, und es würde mich nicht wundern, wenn eines Tages eine außergewöhnlich erfolgreiche Geschäftsfrau aus ihr wird.*

*Zudem war sie eine geübte Ausbruchkünstlerin. Sie verschwand immer wieder aus der Schule, ging nach Hause und verbrachte Stunden vor dem Computer. Als deswegen die Schule eines Tages höchst besorgt ihre Eltern anrief, wurde eine groß angelegte, dramatische Suchaktion gestartet. Erwachsene suchten panisch überall nach Jenny – bis sie sie schließlich vor ihrem Computer fanden.*

*Nach diesem Vorfall erklärten ihre entnervte Eltern ihr stundenlang, wie wichtig die Schule sei, dass sie jemanden wissen lassen müsse, wo sie sich aufhalte, und wiesen sie auf mögliche Gefahren hin. Alles ganz vernünftig. Dann nahmen sie Jenny das ernsthafte Versprechen ab, nie wieder einfach aus der Schule zu verschwinden.*

*Nach ein paar Tagen regelmäßigen Schulbesuchs, raten Sie mal, wo Jenny während der Schulzeit war? Genau. Zu Hause, vor ihrem geliebten Computer.*

*Ihre Eltern kamen kochend vor Wut zu mir. »Sie hat mir fest versprochen, nie wieder die Schule zu schwänzen, und dann tut sie genau das Gegenteil!«, stöhnte die Mutter.*

*Als ich allein mit Jenny sprach und sie fragte, ob sie etwa ihre Eltern absichtlich aufrege, funkelten ihre Augen, und sie grinste frech.*

*Die erste Veränderung war, dass ihre Eltern aufhörten, ihr bedeutungslose Versprechen abzupressen, und sich stattdessen auf ihre Handlungen konzentrierten. Wir kamen überein, dass Jenny jedes Mal, wenn sie die Schule schwänzte, zwei Tage Computerverbot bekommen würde. In den folgenden sechs Wochen probierte Jenny das mehrmals aus, aber dann lernte sie, dass ihre Eltern nicht vorhatten, stundenlang über die Sache zu diskutieren: Sie sorgten einfach dafür, dass der Computer nicht benutzbar war, und machten ansonsten ganz normal weiter.*

*Nach einigen solchen Vorfällen erkannte Jenny, dass es die gewohnten Reaktionen nicht mehr geben würde, und kam zu dem Schluss, dass es die Sache nicht wert war, zwei Tage nicht an den Computer zu dürfen.*

### Zum Mitnehmen

Wortverdreher:
- sind gerissen und trickreich und können einen locker in die Tasche stecken, wenn man nicht aufpasst,
- haben immer noch eine Karte im Ärmel,
- versuchen zu bestimmen, indem sie sich Anleitung und Anordnungen widersetzen,
- nehmen andere für sich ein, indem sie den Spaßvogel geben, was sie auch wirklich sehr gut machen; aber sie wissen nicht, wann Schluss sein sollte,
- lenken gern ab, um alles zu vermeiden, bei dem sie versagen könnten,

- sehen die Wahrheit als etwas, was ohne Weiteres zurechtgebogen werden kann,
- wollen es nicht zugeben, wenn sie tun, was ihnen gesagt wird,
- sind sehr auf Unabhängigkeit bedacht und
- können geschickt Sprache einsetzen, um zu amüsieren, zu provozieren oder abzulenken.

# 4 Der Diskutierer

*Motto: Wer das letzte Wort hat, gewinnt!*

### Maskottchen

**Margaret Thatcher**: Die »Eiserne Lady« (ein Spitzname, den sie sich gern zu Eigen machte), erste Premierministerin Großbritanniens, hatte einen beachtlichen Willen und null Selbstzweifel. Der »Thatcherismus« mit seinen Privatisierungen staatlicher Unternehmen hat die Welt verändert.

**John F. Kennedy**: Bislang jüngster Präsident der USA und ein bezwingender Redner, der den sowjetischen Ministerpräsidenten Nikita Chruschtschow während der Kuba-Krise dazu brachte, seine auf Kuba stationierten Raketen wieder abzuziehen.

**Jerry Springer**: US-Talkshow-Gastgeber, ein Großmaul und berühmt dafür, dass er seine Gäste aufeinander losgehen lässt. Ein geborener Widerspruchsgeist.

Der australische Journalist George Negus interviewte einmal die damalige britische Premierministerin Margaret Thatcher und merkte dabei an, dass manchen Leuten ihre Politik nicht sonderlich gefiele. Mrs Thatcher reagierte gekränkt und forderte ihn auf, ihr die Betreffenden namentlich zu nennen. – Ein wunderbares Maskottchen für Diskutierer-Kinder.

Wenn Sie eins dieser Kids auffordern, sein Zimmer aufzuräumen, wird es Sie gekränkt und völlig fassungslos anschauen und fragen: »Warum immer ich?«

Die Diskutierer dieser Welt, ob Junge oder Mädchen, Mann oder Frau, sind die Rationalisten der emotionalen Welt. Sie werden einen zur Rechenschaft ziehen.

## Merkmale und Verhaltensweisen

Das Kernthema der Diskutierer lautet: »Und was ist mit mir?«
Aussagen wie die Folgenden werden Sie von diesen Kids häufig zu hören bekommen:
»Mir hast du das aber nicht erlaubt, als ich so alt war wie er!«
»Ich bin gar nicht an der Reihe.«
»Ihr Geschenk war aber viel größer.«
»Das ist nicht fair.«
»Ich habe es letztes Mal gemacht.«
»Mein Stück Kuchen ist viel kleiner als seins!«
Diese Kids achten so streng auf Fairness, Recht und Gerechtigkeit, dass man das Gefühl haben kann, ein Menschenrechtskommissar der Vereinten Nationen würde bei einem zu Hause wohnen. Sie scheinen prädestiniert für Erfolge im Bereich Justiz und Rechtspflege. Es sind äußerst entschlossene und sprachgewandte Kinder – eine tödliche Kombination!

## Warum sie Hilfe brauchen

Diskutierer sind bemerkenswerte Kinder und Erwachsene. Sie sind energiegeladen, fordern sich selbst sehr stark und lassen nie locker. Aber trotz ihrer unglaublichen Stärken müssen sie auch andere Möglichkeiten der Interaktion lernen.

Unglücklicherweise sind diese Kids oft von ihren Gefühlen abgeschnitten und wissen nicht genau, was sie empfinden. Die Ausnahme ist Groll, weil sie sich unfair behandelt fühlen. Das verschleiert häufig ihre Unsicherheit darüber, ob sie gut genug und liebenswert genug sind. Wenn wir ihnen nicht helfen, sicherer zu werden und ihre Möglichkeiten des Umgangs mit anderen Menschen zu erweitern, fühlen sie sich ständig angegriffen und versuchen deshalb andauernd, über andere zu bestimmen.

## Häufige Reaktionen Erwachsener auf Fehlverhalten

Gewöhnlich versuchen Eltern, vernünftig mit ihren kleinen Diskutierern zu reden, und erläutern ausführlich, warum irgendetwas sehr wohl fair war und sie keinen Grund haben, sich gekränkt zu fühlen. Schließlich möchte niemand gern als unfair gelten. Aber das ist fast immer komplette Zeitverschwendung. Trotzdem werden alle Eltern von Diskutierern es immer wieder tun, und sei es nur der Form halber.

Haben die Eltern mit ihren vernünftigen Erklärungen keinen Erfolg, sind sie oft genervt und frustriert. Das führt häufig dazu, dass sie sich weniger Zeit für diese Kinder nehmen, in der Hoffnung, dadurch die Konflikte zu reduzieren. Oder aber sie versuchen noch ausführlicher, ihre Handlungen zu rechtfertigen. Damit fängt das Verhalten von Kind und Eltern an, sich gegenseitig zu spiegeln – keiner fühlt sich verstanden, und ein unerfreulicher kalter Krieg bricht aus.

## Häufige Reaktionen des Kindes auf Vorhaltungen

Wenn Sie je eine Fragestunde im Parlament verfolgt haben, werden Sie wissen, welch flammende und hitzige Reden und Gegenreden man da zu hören bekommt. Haben Sie mal Politiker debattieren hören? Natürlich. Oft. Aber haben Sie jemals erlebt, dass ein Politiker zu einem Mitglied der Opposition sagte: »Ja, ich verstehe, was Sie meinen. Sie haben vollkommen recht. Sie haben mich überzeugt«? Wohl kaum. Kleine Diskutierer werden Sie ebensowenig überzeugen können.

## Strategien für die Erziehung

Es sind sehr sprachgewandte Kinder, die einen in endlose Debatten darüber verwickeln können, wer am meisten bekommen hat und ob irgendetwas auch fair war. Zwar werden Sie manchmal den Drang verspüren, mit dem Kind zu debattieren, und sei es nur, um Ihre Entscheidungen zu rechtfertigen, aber das ist leider oft eine völlig fruchtlose Angelegenheit.

Lassen Sie sich nicht in langwierige Debatten verstricken; reagieren Sie stattdessen mit Zuwendung. Zum Beispiel: »Ach, mein armer Liebling, du musst ja so unglücklich sein, wenn du das so empfindest. Lass mich dich drücken.« Befassen Sie sich mit den verletzten Gefühlen des Kindes. Zeigen Sie eher Verständnis als Mitleid. Schaffen Sie Gelegenheiten, bei denen das Kind Erfolge verzeichnen kann.

Besonders wertvoll ist es, jede Woche etwas Zeit exklusiv mit dem kleinen Diskutierer zu verbringen, in der das Kind bestimmen kann, was gemacht wird. (Das ist immer eine gute Sache, aber bei Diskutierern ist es besonders hilfreich.)

Manche kleine Diskutierer brauchen klar strukturierte Zeiten, beispielsweise: »Anfang um ..., Ende um ...« Dann wissen sie, dass diese Zeit ihnen gehört, und müssen nicht um die Aufmerksamkeit der Eltern kämpfen oder sich beschweren.

Am Anfang ist es oft am Besten, diese Zeit nur zu zweit zu verbringen – ohne den anderen Elternteil, ohne Geschwister. Diese Kinder haben gelernt, dass eine Möglichkeit, Zuwendung und Aufmerksamkeit zu bekommen, die ist, eine Debatte vom Zaum zu brechen. Es dauert eine Weile, bis sie das wieder verlernt haben. Wenn möglich, loben Sie das Kind unter vier Augen. Nonverbale Signale (übers Haar streichen, auf die Schulter klopfen) sind ebenfalls eine gute Möglichkeit, den kleinen Diskutierer daran zu erinnern, dass er geliebt wird.

Familien mit Diskutierern brauchen Beständigkeit und feste Strukturen, da ein freier Lebensstil schnell in Debatten darüber ausartet, ob irgendetwas fair ist oder nicht. Wenn Sie nicht gewillt sind, jedes Mal, wenn Sie etwas mit den Kindern unternehmen wollen, den Internationalen Gerichtshof anzurufen, etablieren Sie feste Gewohnheiten im Familienleben und stellen Sie sicher, dass alle einen fairen Anteil bekommen.

Diskutierer streiten sich oft verbissen und hemmungslos mit den Geschwistern. Diese Scharmützel können so heftig werden, dass sie das Leben für alle Beteiligten zur Qual machen.

Falls mein Beispiel aus der Politik das noch nicht deutlich genug gemacht haben sollte: Diskutierer sind Meister der emotionalen Anklage. Beispiele: »Er war's!«, »Es war ihre Schuld« oder »Du bist immer auf ihrer Seite«. Diskutierer besitzen nicht die gerissene Subtilität eines Ränkeschmieds, sondern gehen mit der Entschlossenheit eines missgelauten Pitbull-Terriers auf einen los.

Diese Kinder scheinen oft mit einem großartigen Gedächtnis gesegnet zu sein, das sie nutzen, Beispiele zu suchen, die ihre Argumentation stützen. Schauen wir uns mal ein typisches Gespräch an:

> Mutter: »John, es ist 16 Uhr. Würdest du bitte den Hund füttern?«
> 
> John: »Ich bin nicht an der Reihe, sondern Elizabeth. Ich hab letzten Donnerstag ihr Meerschweinchen gefüttert.«
> 
> Mutter (wiederholt): »John, es ist 16 Uhr. Würdest du bitte den Hund füttern?«
> 
> John: »Immer bevorzugst du Elizabeth. Das ist nicht fair.«
> 
> Mutter: »Nein, tue ich nicht. Und jetzt geh und füttere den Hund.«
> 
> John: »Tust du doch! Was ist mit neulich, als du mit ihr ins Kino gegangen bist, während ich Hausaufgaben machen musste!?«
> 
> Mutter: »Das lag daran, dass du mit den Hausaufgaben noch nicht fertig warst.«
> 
> John: »Du liebst sie mehr als mich. Hast du immer schon!«

Bei diesem Tempo wird der Hund verhungern, bevor er gefüttert wird, denn John wird nie freiwillig das Gespräch wieder auf seine Pflichten lenken.

Wenn man sie lässt, können Diskutierer unglaublich viel Zeit damit zubringen, andere anzuklagen und ihnen die Schuld zu geben. Das kann zur Gewohnheit werden. Gehen Sie in einem solchen Fall entweder weg und erklären Sie dazu: »Ich kann mir das im Augenblick nicht anhören.« Oder schauen Sie das Kind an und sagen Sie: »Du musst sehr traurig sein, wenn du so etwas sagst. Komm, lass dich umarmen.«

## Zum Mitnehmen

Diskutierer:
- sind sehr entschlossene Charaktere,
- haben ein starkes Empfinden für Fairness und für Recht und Unrecht,
- werden immer über alles diskutieren,
- sind sehr sprachgewandt,
- sind energiegeladen und fordern sich selbst sehr stark,
- sind oft von ihren Gefühlen abgeschnitten und wissen nicht genau, was sie empfinden (die Ausnahme ist Groll, weil sie sich unfair behandelt fühlen),
- verschleiern – häufig unbewusst – durch ihr Verhalten ihre eigene Unsicherheit darüber, ob sie gut genug und liebenswert genug sind, und
- reagieren oft empört oder entrüstet.

# 5 Der Besser-sein-Woller

*Motto: Kampf bis in den Tod*

### Maskottchen

**Winston Churchill**: Bedeutender englischer Staatsmann, der Großbritannien erfolgreich durch den Zweiten Weltkrieg führte. Er war unbeugsam und wollte den Sieg um jeden Preis.
 **Lance Armstrong**: Radsportler, der sieben Mal das wohl härteste Rennen der Welt gewann, die Tour de France.
 **Martina Navratilova**: Unvergleichliche Tennisspielerin, die in Wimbledon regelmäßig im Einzel und im Doppel siegte.

### Merkmale und Verhaltensweisen

Diese Kinder haben unglaublich viel Kampfgeist. Sie könnten die Welt erobern. Auf jeden Fall werden sie versuchen, ihr Zuhause zu erobern. Der Kampf kann jahrelang toben, mit Unterbrechungen, und einen mit dem Gefühl zurücklassen, noch nie so lange für so wenig gestritten zu haben.

Kinder mit dem Winston-Churchill-Syndrom sind mit hoher Wahrscheinlichkeit am besten für eine Karriere im Verkauf, in der Politik oder im Gerichtssaal geeignet. Bei ihnen kann jede Interaktion zum Kampfesgrund werden.

Diese Kids geben gern an, und verlieren ist etwas, was sie gar nicht ertragen. Ein zweiter Platz ist für sie gleichbedeutend mit völligem Versagen. Bei Auseinandersetzungen stellen sie sich auf die Hinterbeine; sie sind extrem trotzig, und die Wendung »Sich ins eigene Fleisch schneiden« passt wie maßgeschneidert auf sie. Da sie um jeden Preis gewinnen müssen, bedenken sie die Folgen ihrer Handlungen manchmal überhaupt nicht.

## Warum sie Hilfe brauchen

Wenn Gewinnen alles ist, wird das Leben eine ziemlich beängstigende Sache. Diese Kinder können unschlagbar sein – aber dabei einsam. Und obwohl sie das nie öffentlich zugeben würden, können sie ängstlich sein und ein niedriges Selbstwertgefühl haben. Wenn Gewinnen alles ist, hat man Angst vor dem Verlieren.

> »Der Augenblick des Sieges ist viel zu kurz, um nur dafür zu leben.«
> Martina Navratilova

Besser-sein-Woller verzehren sich oft nach Aufmerksamkeit und brauchen sie unbedingt. Überlegen Sie mal, warum Ihr Kind so viel Aufmerksamkeit braucht, und versuchen Sie, sein ständiges Bedürfnis danach zu verringern.

## Häufige Reaktionen Erwachsener auf Fehlverhalten

Bei den Besser-sein-Wollern der Kinderwelt besteht die Gefahr, dass Eltern sich auf einen Machtkampf einlassen. Das schlägt nicht nur ausnahmlos fehl (im besten Fall ernten sie Gehorsam, Unterwerfung und bitteren Groll), sondern bestätigt auch die Sichtweise des Kindes, das sich denkt: »Ehe mir der andere etwas tut, fange ich lieber selbst an.«

Sich auf einen Machtkampf mit diesen Kids einzulassen ist, als würde man einen Rüstungswettlauf anfangen. Eltern müssen da sehr, sehr viel cleverer vorgehen.

## Häufige Reaktionen des Kindes auf Vorhaltungen

Diese Kids sind unbeugsam und trotzig und werden alles tun, um nur ja nicht das Gesicht zu verlieren. Sie werden Gleichgültigkeit vorschützen. Sie werden argumentieren und beharrlich bleiben. Sie werden das betreffende Verhalten sogar beibehalten, wenn sie damit gegen ihre eigenen Interessen verstoßen, so tief verwurzelt ist ihr Bedürfnis zu gewinnen.

## Strategien für die Erziehung

Erstens sollten Sie sich klarmachen, dass Konsequenzen hier keinerlei Wirkung zeitigen. Wenn Sie einer Besser-Sein-Wollerin erklären, dass sie Hausarrest hat, wird sie sich auf die Hinterbeine stellen, Ihnen fest in die Augen schauen und verkünden: »Mir doch egal. Mir gefällt es in meinem Zimmer.« Wenn Sie ihr sagen, dass sie kein Taschengeld bekommt, erhalten Sie zur Antwort, dass sie es sowieso nicht braucht. Fernsehverbot für eine Woche? »Diese Woche läuft doch sowieso nichts«, werden Sie zu hören bekommen.

Oft versuchen Eltern mit ihren kleinen Besser-sein-Wollern zu verhandeln, etwa: »Fütter doch einfach die Katze, dann bekommst du wieder Taschengeld.« Ha! Da können Sie warten, bis Sie schwarz werden. Diese Kids sind entschlossen, stur und leidenschaftlich eigenwillig.

Lassen Sie sich auf gar keinen Fall in Gegenwart Gleichaltriger auf einen Streit mit diesen Kindern ein. Sie werden sonst garantiert den Kürzeren ziehen. Im Grunde werden Sie bei diesen Kindern immer den Kürzeren ziehen, wenn Sie auf einem klaren Standpunkt beharren. Sie müssen vielmehr Ihre eigenen Stärken nutzen und die Schwachstellen der Kinder ausnutzen.

Besser-sein-Woller reagieren oft gut darauf, wenn ihre Eltern sie herausfordern. Es ist besser, dabei nicht die »Ich wette, du schaffst es nicht …«-Variante zu wählen, sondern den Satz in der dritten Person zu formulieren. Schließlich wollen Sie nicht den Eindruck erwecken, dass Sie an Ihrem Kind zweifeln. Wenn Sie beispielsweise wollen, dass eine angehende Martina Navratilova ihre dreckige Wäsche wegräumt oder Hausaufgaben macht, könnten Sie beispielsweise sagen:

»Viele Leute würden nicht glauben, dass du schon alt genug bist, um …«

»Viele Leute würden nicht glauben, dass du genug Verantwortungsgefühl hast, um …«

»Die meisten Eltern würden Kindern in deinem Alter nicht erlauben …«

Irgendwann können solche Herausforderungen auf »persönliche Bestleistungen« ausgedehnt werden. Sorgen Sie dafür, dass die Kinder nicht ihre Leistungen mit denen anderer vergleichen, sondern ihre derzeitigen Leistungen mit früheren. Eltern könnten das beispielsweise einführen, indem sie Fragen stellen wie: »Wenn du auf einer Skala von 1 bis 10 einschätzen müsstest, wie gut du letztes Jahr Fahrrad gefahren (oder sonst irgendetwas) bist, wie viele Punkte würdest du dir geben? Und wie viele Punkte heute?«

Oft fragen sich Eltern kleiner Besser-sein-Woller besorgt, wie sie ihren Kindern helfen können, damit fertigzuwerden, dass sie nicht immer gewinnen können. Wenn man Angst hat zu verlieren, versucht man oft gar nichts Neues, in dem man vielleicht nicht gut sein könnte.

Die Eltern stehen daher häufig vor einem Dilemma: Sie wissen, dass ihr Kind leidenschaftlich motiviert ist, aber in der Schule rührt es keinen Finger, wenn es darum geht, auch mal etwas Neues auszuprobieren. Wir werden später noch ausführlicher darauf eingehen, aber es ist wichtig, dass Sie Ihren Winston immer wieder an neue Dinge heranführen.

Bemerkungen wie »In Englisch bin ich hoffnungslos« oder »Mathe kann ich nicht« sollte man unbedingt einen Riegel vorschieben, da das bei kleinen Besser-sein-Wollern dazu führen kann, dass sie sich ganz davor drücken. Sagen Sie dann so etwas wie: »Denk daran, in diesem Haus wird keiner kleingemacht. Das gilt auch für dich selbst. Außerdem glaubt dir das sowieso keiner.«

Gewinnen ist ganz natürlich für diese Kinder. Führen Sie sie deshalb an Freizeitbeschäftigungen und Sportarten heran, bei denen es keine Gewinner oder Verlierer gibt: Theater, Frisbee-Werfen, Drachenfliegen. Vielleicht müssen Sie Ihrem Kind auch beibringen, wie man mit Anstand gewinnt, ohne sich hämisch über seinen Sieg zu freuen und damit anzugeben.

Kleine Besser-sein-Woller sind gewöhnlich gut darin, Verantwortung zu übernehmen. Sorgen Sie dafür, dass ihnen ein paar altersgemäße Aufgaben übertragen werden, um sie in ihrer Entwicklung zu fördern.

## Zum Mitnehmen

Besser-sein-Woller:
- sind extrem trotzig,
- müssen um jeden Preis gewinnen,
- schneiden auf und geben an,
- können unschlagbar sein, brauchen aber manchmal viel Aufmerksamkeit,
- gehen an Machtkämpfe heran wie an einen Rüstungswettlauf,
- sind unbeugsam – sie würden alles tun, um nicht das Gesicht zu verlieren,
- werden so tun, als sei es ihnen egal, und
- werden an ihrem Verhalten festhalten, selbst wenn es gegen ihre eigenen Interessen verstößt, so tief verwurzelt ist ihr Bedürfnis zu gewinnen.

# 6 Der Draufgänger

*Motto: »Angst? Was ist das?«*

## Maskottchen

**Steve Irwin**: »Crocodile Hunter«, der australische Dokumentarfilmer und Krokodilfänger, der fantastische Artenschutzarbeit mit den gefährlichsten Tieren der Welt geleistet hat, ist ein wunderbares Beispiel für einen Draufgänger.

**»Evel« Knievel**: Legendärer US-amerikanischer Stuntman, der besonders durch seine spektakulären Motorradsprünge bekannt wurde.

**Marco Polo**: Wagemutiger Abenteurer, der im 14. Jahrhundert bis nach China reiste, weit über die Grenzen der damals bekannten Welt hinaus.

Eine Freundin von mir arbeitet immer auf der jährlichen Landwirtschaftsausstellung, deshalb besuche ich gelegentlich solche Veranstaltungen. Dabei fällt mir immer auf, dass von Zeit zu Zeit eine Lautsprecherdurchsage kommt: »Die Eltern des kleinen Harvey Brown (oder der kleinen Sally Boyston) möchten bitte zur Information kommen.«

Meine Freundin sagt, es sind immer dieselben Kinder, die verloren gehen und bei der Information abgeholt werden müssen. Erst dachte sie, die Eltern wären fährlässig oder würden nicht genug auf ihre Kinder achtgeben, aber dann fiel ihr auf, dass die Kinder sämtlich ähnliche Merkmale aufwiesen – es waren Draufgänger. Sie gehören zum Steve Irwin-Club. Es sind energiegeladene Kinder, aufregend zu erziehen. Man könnte fast sagen, dass die Erziehung dieser Kinder an sich schon eine Extremsportart ist.

## Merkmale und Verhaltensweisen

Ungefähr 15 Prozent aller Kinder sind absolut furchtlos und kümmern sich wenig um ihre eigene Sicherheit oder die Sicherheit der Menschen um sie herum. Keine Sorge, das liegt nicht am Erziehungsstil – offenbar wurden sie schon so geboren.

Diese Kids lieben die Herausforderung, den Nervenkitzel und die Aufregung. Diese wagemutigen Naturen sind später oft erfolgreich in Berufen, die ihnen ein Ventil dafür liefern: bei der Feuerwehr, in der Notaufnahme von Krankenhäusern, bei der Polizei, als Stuntleute oder bei Extremsportarten.

Man kann sie leicht erkennen. Sie tragen oft einen Gips, Verbände, oder sie humpeln. Ihre Eltern bekommen schon Rabatt von der Krankenversicherung!

Diese Draufgänger sind oft nicht sonderlich begabt in der Kunst der Vorausplanung. Sie sind impulsiv – sie machen, was ihnen gerade einfällt, ohne vorherige Ankündigung. Als Folge davon gehen sie häufig in Einkaufszentren verloren, verschwinden von zu Hause oder ziehen sich Abschürfungen, Schnittwunden und Prellungen zu.

Es sind oft sehr liebe Menschen, die überhaupt nicht vorhaben, ihren Eltern Sorge zu bereiten oder sie zu beunruhigen. Da sie selbst kaum Angst kennen, kommt ihnen oft gar nicht der Gedanke, andere könnten sich Sorgen machen.

## Warum sie Hilfe brauchen

Die Draufgänger probieren Dinge aus, bei denen den meisten Menschen vor Angst die Haare zu Berge stehen würden. Ich vermute mal, viele Entdecker – Sir Walter Raleigh, Christopher Columbus, Isabelle Ehrhardt, James Cook, Vasco da Gama oder David Livingstone – besaßen eine gehörige Dosis Draufgängertum. Das ermöglichte es ihnen, bis dahin vorzustoßen, wo nur wenige vor ihnen waren.

Bei der Erziehung dieser Kinder wechselt man zwischen Bewunderung und Angst um ihr Leben. Für ihre Eltern kann es eine nützliche Fähigkeit sein, die missbilligenden Blicke anderer Eltern einfach zu übersehen.

Draufgänger brauchen Hilfe, um so wenig wie möglich in Gefahr zu geraten. Sie sind nicht sehr gut darin, Risiken abzuschätzen und zu dem Schluss zu kommen, man solle etwas doch lieber lassen. Sie brauchen Erwachsene, die bereit sind, Sachen zu sagen wie: »Nein, du kletterst jetzt auf keinen Fall auf diesen Baum. Du bleibst, wo du bist!«

### Häufige Reaktionen Erwachsener auf Fehlverhalten

Oft reagieren Eltern mit Genervtheit und Frustration – weil sie Angst um ihre Kinder haben. Ein Vater erklärte mir, er verbringe mehr Zeit in Arztpraxen und Notaufnahmen als bei der Arbeit. Zuletzt saß er mit seinem Sohn im Wartezimmer, weil er einen dreifachen Salto rückwärts vom Sprungbrett versucht hatte.

Nicht nur Jungs zählen zu den Draufgängern. Auch Mädchen können sich auf riskante Abenteuer einlassen.

Da ist der Gedanke verlockend, das Kind in Watte zu packen – aber das hat leider katastrophale Auswirkungen. Diese Kids müssen sich ins pralle Leben stürzen, damit sie lernen, kluge Entscheidungen zu treffen. Sicher, es ist gut, wenn die besorgten Eltern in der Nähe sind, um allzu verheerende Folgen zu vermeiden, aber ein paar Risiken sollten die Kinder schon eingehen dürfen.

### Häufige Reaktionen des Kindes auf Vorhaltungen

Meistens sind diese Kids völlig verdutzt und verstehen überhaupt nicht, warum man sich Sorgen macht. Draufgänger sind optimistisch – so sehr, dass sie ihre eigenen Fähigkeiten überschätzen:

»Klar kann ich von einer hohen Mauer springen und sicher auf den Füßen landen.«

»Klar kann ich nach der Party allein nach Hause gehen.«

## Strategien für die Erziehung

Sie werden diesen Kids die aufregenden Mutproben und Stürze nicht abgewöhnen können. Es ist besser, ihnen positive Formen waghalsiger Unternehmungen anzubieten, etwa Camping, Videospiele, Motocross, Bungee-Jumping und andere Extremsportarten sowie andererseits Theater, Malen oder Zeichnen.

Ganz wichtig ist, für ein ruhiges Umfeld zu sorgen, damit das Kind zur Ruhe kommt. Kapitel 13, in dem es um Stimmungsveränderung geht, ist besonders für Draufgänger geschrieben. Setzen Sie Beleuchtung, Musik, Bewegung und Ernährung als Verbündete ein.

Bei Konflikten mit kleinen Draufgängern muss man ein eventuelles Publikum von Gleichaltrigen wegschicken, bevor man versucht, etwas zu klären. Diese Kids haben einen Ruf zu verlieren: Sie gelten als die wildesten, coolsten Typen weit und breit. Es ist besser zu sagen: »Können wir uns mal kurz unterhalten?« und sie beiseitezuführen, statt sich auf ein Ping-Pong-Match einzulassen, das zu nichts führt.

Diese Kids lieben Intensität, und das bedeutet, dass sie oft die Dinge nicht richtig durchdenken. Viele haben Schwierigkeiten, etwas in die richtige Reihenfolge zu bringen. Helfen Sie ihnen, die Fähigkeit dazu zu entwickeln, indem sie zahlreiche Fragen stellen, wenn etwas geplant ist:

»Also, erzähl mal, was wirst du zuerst tun?«
»Und was dann?«

Die Kids dazu zu bringen, die Schritte einer geplanten Unternehmung der Reihe nach durchzugehen, ist eine Prozedur, die ein wenig an Zähneziehen erinnert – aber es hilft ihnen, sich gedanklich besser auf die Risiken vorzubereiten. Auch Entspannungsübungen, Traumreisen, Visualisieren und Konzentrationsübungen können dazu beitragen, dass die Kinder zielgerichteter werden.

Bei solchen Kids ist es klug, einen Code klarer nonverbaler Signale zu entwickeln, zum Beispiel: »Wenn du diesen Pfeifton hörst, bedeutet das, dass du sofort zu mir kommen musst.« Oder: »Wenn du siehst, dass ich am Strand eine Hand über den Kopf hebe, bedeutet das, dass du zu weit hinausgeschwommen bist.«

## Zum Mitnehmen

Draufgänger:
- lieben Herausforderungen und Nervenkitzel,
- tragen oft einen Gips, Verbände oder humpeln,
- sind normalerweise nicht sonderlich begabt in der Kunst der Vorausplanung,
- hauen manchmal einfach ab oder gehen verloren,
- sind liebe Menschen,
- sind absolut furchtlos – sie probieren Dinge aus, bei denen uns anderen vor Angst die Haare zu Berge stehen würden,
- können Risiken schlecht einschätzen,
- entscheiden sich selten dafür, auch mal etwas zu lassen, und
- sind so optimistisch, dass sie ihre Fähigkeiten überschätzen.

# 7 Der passive Widerständler

*Motto: »Problem? Was für ein Problem?«*

## Maskottchen

**Mahatma Ghandi**: Führte Indien durch seinen Weg des passiven Widerstands in die Unabhängigkeit. Im Verlauf seiner politischen Karriere entwickelte er den Begriff Satyagraha (Hingabe an die Wahrheit) für eine neue, gewaltfreie Methode des Widerstands gegen Unrecht.

**Aung San Suu Kyi**: Anführerin der burmesischen Demokratiebewegung, wurde von der Regierung unter Hausarrest gestellt und erhielt den Friedensnobelpreis für ihren gewaltfreien Kampf gegen eine repressive Diktatur.

## Merkmale und Verhaltensweisen

Passive Widerständler sind oft geistesabwesend, heimlichtuerisch und desorganisiert. Manche bewegen sich wie in Zeitlupe durchs Leben.

Diese Kids schauen einen verständnislos an, wenn man sie etwas fragt. Erkundigt man sich beispielsweise, warum sie ihre Hausaufgaben denn nicht abgegeben haben, erwidern sie: »Hausaufgaben? Was für Hausaufgaben? Zu mir hat niemand was von Hausaufgaben gesagt.«

Dabei bleiben sie ganz kühl und gelassen, während ihre Eltern in Rage geraten und sich abgeblockt fühlen.

Passive Widerständler sind oft sehr intelligente und sensible Menschen. Sie können sich völlig zurückziehen, um auf diese Weise ein Versagen zu vermeiden. Konsequenzen bei Fehlverhalten beeindrucken sie nicht sonderlich; in dieser Beziehung ähneln sie den Besser-sein-Wollern.

Diese Kids legen eine Art erlernter Hilflosigkeit an den Tag, wobei Passivität, Wegducken und Hoffen, dass es schon vorübergehen wird, ihre wichtigsten Lebensstrategien zu sein scheinen. Sie verhalten sich möglichst unauffällig und scheinen in den wichtigen Bereichen des Lebens immer etwas am Rande zu stehen.

Zunehmend höre ich Eltern darüber reden, dass Kinder dieses Typs auch mit 18 oder über 20 noch zu Hause sitzen, um die Herausforderungen des Lebens zu vermeiden – zur Frustration der Eltern. Wenn es eine Trennung oder Scheidung gegeben hat, werden diese Verhaltensweisen noch ausgeprägter.

Diese Kids wirken äußerlich sehr ruhig. Sie ziehen sich gern zurück und behalten ihre Gedanken und Gefühle für sich. Es kann den Eindruck machen, als wären sie sich ihrer Umgebung kaum bewusst. Sie verlieren oft ihre Sachen und scheinen nicht zuzuhören oder Informationen nicht aufzunehmen. Sie kommen häufig nur schwer in Gang.

Wenn Sie ein Kind haben, das diese Verhaltensweisen aufweist – Glückwunsch, Sie haben eine potenziell tolle Person zu Hause.

Die Eltern, abwechselnd verwirrt und verärgert über das Verhalten des Kindes und den frustrierenden Mangel an Kommunikation, bitten es oft inständig: »Sprich doch mit mir, sag mir, was los ist.«

### Warum sie Hilfe brauchen

Passive Widerständler sind sehr gut darin, sich selbst zu isolieren. Sie sitzen stundenlang in ihrem Zimmer, lesen, spielen Computerspiele und vermeiden ganz allgemein jede Interaktion mit ihrer Umgebung. Es ist eine Sache, sich in der eigenen Gesellschaft wohlzufühlen; sozialer Rückzug ist etwas ganz anderes.

Es ist oft schwer einzuschätzen, wie große Sorgen man sich um diese jungen Leute machen sollte, auch, weil es so schwierig ist, sie dazu zu bewegen, über ihre Gedanken und Gefühle zu sprechen.

Ein typisches Gespräch geht etwa so:

Mutter: »Na, wie geht's?«
Kind: »Gut.« (Oder: »Ganz okay.«)
Mutter: »War heute irgendwas Besonderes los?«
Kind: »Nee.«
Mutter: »Was würdest du denn heute gern essen?«
Kind: »Egal. Das, was du kochst.«

An diesem Punkt werden wohl die meisten geistig gesunden Eltern mit den Zähnen knirschen! Sie wissen, wenn ihr Kind in der Welt zurechtkommen soll, muss es lernen zu kommunizieren, sich in andere Menschen einzufühlen und Kontakt zu ihnen aufzunehmen.

### Häufige Reaktionen Erwachsener auf Fehlverhalten

Die große Versuchung für Eltern von passiven Widerständlern besteht darin, sie auf Touren bringen, motivieren und inspirieren zu wollen. Manchmal fangen Eltern auch an, in ihr Kind zu dringen: »Sag mir doch einfach, was du willst!«

### Häufige Reaktionen des Kindes auf Vorhaltungen

Passive Widerständler sind Minimalisten. Sie sind häufig ruhig und zurückhaltend. Die Kommunikation kann sich auf »Was?«, »Weiß nicht«, »Hhm ...« und »Egal« beschränken.

### Strategien für die Erziehung

Wenn Sie anhand dieser Merkmale Ihr Kind wiedererkennen, sollten Sie anfangen, es in die emotionale Welt seiner Mitmenschen zurückzubringen. Folgendes klappt *nicht*:

- brüllen, beharren, bitten oder gut zureden,
- der Versuch, als Motivationstrainer aufzutreten, und
- der Versuch, zu erraten, was das Kind denkt, indem man sein Schweigen mit eigenen Wortbeiträgen überbrückt.

Wie schon erwähnt, sind manche dieser Kinder und jungen Leute hoch intelligent und hoch sensibel. Einige haben auch sehr hohe moralische Haltungen. Eine Strategie, mit der Eltern oft Erfolg haben, ist die, ihnen mehr Verantwortung zu übertragen.

Im Leben vieler Kinder, Jungen wie Mädchen, gibt es eine Zeit, in der sie lieber wieder kleiner wären. Sie spielen dann wieder mit Spielsachen, die sie seit Jahren nicht mehr angerührt hatten. Das löst manchmal große Sorge bei Eltern aus, weil sie fürchten, ihr Kind könne ein Trauma erlitten haben. Meist ist das natürlich nicht der Fall. Diese Form des Spiels ist vielmehr ein Versuch, Erinnerungen an frühere Zeiten der Kindheit wieder aufleben zu lassen.

Im Verhalten vieler passiver Widerständler zeigt sich diese Tendenz in verstärkter Weise. Sie ziehen sich in ihre eigene, private Welt zurück. Eltern sind oft versucht, ihnen gut zuzureden und sie aus diesem Zustand herauszulocken. Das klappt selten.

Fangen Sie damit an, sich mehrere Monate Zeit dafür zu geben, ihr Verhältnis zu Ihrem Kind zu verbessern. Versuchen Sie während dieser Zeit, ganz ruhig zu bleiben. Sprechen Sie es direkt an und schauen Sie ihm dabei in die Augen. Geben Sie sich weder mit einem unbestimmten Schulterzucken noch mit einem »Weiß nicht« als Antwort zufrieden. Machen Sie weniger Druck und verstärken Sie den Kontakt. Stellen Sie klar, dass das Kind sich von manchen Familien-Interaktionen einfach nicht zurückziehen darf.

Passive Widerständler sind oft gut darin, sich um Haustiere und jüngere Geschwister zu kümmern. Geben Sie ihnen Gelegenheit, Selbstvertrauen zu gewinnen und selbstständiger zu werden, indem Sie sie für andere sorgen lassen.

*Frau Chins Tochter vergrub sich in ihrem Zimmer. »Es war, als würde sie streiken«, erzählte Frau Chin. »Anfangs haben wir sie gelassen. Sie meinte, sie sei müde und hätte viele Hausaufgaben auf. Ich machte mir Sorgen und fürchtete, sie könne gestresst oder deprimiert sein – sie schien ganz anders als sonst. Schließlich wurde ich ärgerlich und bestand darauf, dass sie zum Essen hinunterkam. Sie weigerte sich. Eines Abends hatte ich genug. Ich sagte, wenn sie nicht zum Essen herunterkommen wolle, würden wir eben zu ihr raufkommen. Drei Wochen lang nahm die ganze Familie die gemeinsamen Mahlzeiten in ihrem Zimmer ein. Nach ein paar Tagen ließen wir das dreckige Geschirr einfach stehen. Schließlich gab sie nach. Zumindest bekommen wir sie jetzt bei den Mahlzeiten zu Gesicht. Jetzt arbeite ich daran, sie dazu zu bewegen, auch mal den Mund aufzumachen!*

### Zum Mitnehmen

Passive Widerständler:
- sind sehr verschlossen und behalten ihre Gedanken und Gefühle gern für sich,
- scheinen ihre Umwelt oft gar nicht richtig wahrzunehmen,
- verlieren oft ihre Sachen und scheinen nicht zuzuhören,
- kommen oft schwer in Gang,
- isolieren sich,
- verbringen Stunden in ihrem Zimmer, lesen und meiden ganz allgemein jede Interaktion,
- sind nur schwer zu einem Gespräch darüber zu bringen, was sie bewegt, und
- sind Minimalisten – die Kommunikation kann sich auf »Was?«, »Weiß nicht«, »Hmm« und »Egal« beschränken.

## Verflixt! Mein Kind ist alles auf einmal!

Wenn Sie jetzt finden, Ihr Kind könne seinen Einfluss geltend machen wie Henry Kissinger, frech sein wie Bart Simpson, Dispute führen wie Maggie Thatcher, den Kampfgeist eines Winston

Churchill zeigen und waghalsig sein wie Steve Irwin, verbunden mit einem Anflug von Gandhis passivem Widerstand – nicht verzweifeln. Am Anfang scheinen viele stressige Kids ein bisschen von allem zu haben.

Diese Verhaltensweisen sind etwas, was alle Kinder in gewissem Maße zeigen. Das Risiko bei stressigen Kids ist, dass sie irgendwann in einer Routine gefangen sind, die ihnen nicht guttut.

Eltern berichten oft, dass es eine Weile gedauert hat, bis sie den Stil ihres Kindes richtig erkannten. Dieses Wissen setzen sie dann ein, um eine Beziehung zu ihrem Kind aufzubauen, die ihm hilft, seine Persönlichkeit zu entfalten und in seinen Beziehungen zu anderen Kindern und Erwachsenen mehr Gestaltungsmöglichkeiten zu entwickeln.

Letztlich ist es auch wichtiger, dass Sie neue Ideen bekommen, wie Sie Ihrem Kind helfen können, seine Stärken voll zu nutzen, als genau zu erkennen, zu welchem Typ es gehört. Stellen Sie sich darauf ein, eine Weile herumzuexperimentieren.

# Teil 2
# Die Entwicklungsphasen bei stressigen Kids

Bei der Erziehung stressiger Kids kann man leicht den Überblick verlieren und sich vor allem mit dem letzten Scharmützel, der neuesten Konfrontation oder der letzten Beleidigung, die einem an den Kopf geschleudert wurde, befassen. Das kann Eltern anfällig für Verzweiflungsattacken machen, da sie nicht mehr klar erkennen können, ob sie ihrem stressigen Kind auch eine gute Erziehung geben.

In Teil 2 dieses Buches werden die Hauptentwicklungsphasen von Kindern noch einmal kurz zusammengefasst – mit besonderem Bezug auf stressige Kids. Wer diese Phasen kennt, weiß, was er in den verschiedenen Altersstufen von diesen Kids erwarten darf und was nicht.

# 8 Kleinkind- und Vorschulalter

> »*Eltern sind die Knochen, an denen sich Kinder die Zähne schärfen.*«
> Peter Ustinov

Der amerikanische Komiker Robin Williams bemerkte einmal, als Vater eines Babys hätte man viel mit einem Kokainsüchtigen gemeinsam: Man kann nicht schlafen, ist schrecklich paranoid, und man riecht!

Kindererziehung ist ein dornenreicher Weg. Die meisten Eltern stressiger Kinder fragen als Erstes: »Was ist denn normal?« Dieses Kapitel versucht, eine ungefähre Antwort darauf zu geben.

Bevor wir uns an die Beantwortung der obigen Frage wagen, ist es wichtig, darauf hinzuweisen, dass Kinder sich individuell und daher auch unterschiedlich entwickeln. Es löst immer Sorge bei Eltern aus, wenn ihr kleiner Jimmy noch überlegt, welches Ende des Schnullers man wohl in den Mund steckt, während Henrietta, das kleine Genie der Nachbarn, bereits »Krieg und Frieden« durchgelesen hat und jetzt an einer Fortsetzung von »Hamlet« arbeitet. Vergessen Sie nicht, dass jedes Kind anders ist und sich in seinem eigenen Tempo entwickelt. Die Kinder, die sich schnell entwickeln, sind später nicht unbedingt die Erfolgreichsten oder die Intelligentesten. Ich wiederhole: *Die Kinder, die sich schnell entwickeln, sind später nicht unbedingt die Erfolgreichsten oder die Intelligentesten.*

## Kleinkindalter

Wahrscheinlich haben wir in den letzten paar Jahren mehr darüber erfahren, wie Menschen lernen und sich entwickeln, als in den 50 Jahren davor. Ein Großteil dieses Wissens ist auf Ergebnisse aus der Positronenemissions-Tomografie (PET-Aufnahmen) zurückzuführen: Die anderthalb Kilo schwere graue Materie, die wir oben auf unserem Hals sitzen haben, ist die komplexeste, anpassungsfähigste, regenerationsfähigste Sache, das wir kennen. Und unser Gehirn ist am aktivsten, wenn wir Kinder sind.

Das Denken entwickelt sich nicht gleichmäßig. Neuere Forschungen bestätigen, was zwei der großen Denker der Kindesentwicklung, Jean Piaget und Maria Montessori, als Theorie aufgestellt haben: Die geistige Entwicklung von Kindern erfolgt in Schüben, denen Phasen der Konsolidierung folgen. Piaget nannte diese Prozesse »Assimilation« und »Akkomodation«, Montessori »Lernkreisläufe«.

In der Gehirnentwicklung scheint es Zeiten der Überproduktion oder des »Überschwangs« zu geben, in denen wir hochgradig empfänglich für neue Informationen sind und bestimmte Fähigkeiten oder »Intelligenzen« leicht erwerben können. In der Kindheit und im Jugendalter scheint sich das Gehirn auf diese Weise zu entwickeln – es bei der Produktion zu übertreiben und später das, was nicht gebraucht wird, zurückzuschneiden. Es ist ein ziemlich intelligentes System, denn genau diese Überproduktion ermöglicht es uns, zu wählen, unsere Fähigkeiten zu verfeinern und uns zu spezialisieren.

Durch eine kurze Darstellung der grundlegenden sozialen Kompetenzen in den verschiedenen Altersstufen erhalten wir eine ungefähre Zeitlinie, die Eltern bei der Überlegung helfen kann, wo sie ihre Prioritäten setzen wollen.

| Alter | Was geschieht? | |
|---|---|---|
| Geburt | Fasziniert von Unterschieden, insbesondere von Gesichtern, Ecken und Streifen | Spiel ist Experimentieren |

Natürlich gibt es eine große individuelle Variabilität und Geschlechtsunterschiede, aber Zeitlinien wie die in diesem Kapitel können eingesetzt werden, um Eltern zu helfen, je nach Alter der Kinder bestimmte Verhaltensweisen und Lernprozesse besonders ins Auge zu fassen.

Das Gehirn von Kindern ist viel aktiver als das von Erwachsenen. Von Geburt an ist das Gehirn eifrig damit beschäftigt, Verbindungen herzustellen. Bei der Geburt hat jede Gehirnzelle (bzw. jedes Neuron) ungefähr 2500 Kontaktstellen, die Synapsen genannt werden. Sie nehmen in den ersten drei Jahren rasant zu, bis jedes Neuron 15 000 Synapsen hat. Das Gehirn von Vorschulkindern ist aktiver, vernetzter und flexibler als unsere Gehirne. Man könnte durchaus argumentieren, dass der Mensch nie intelligenter, flexibler oder anpasssungsfähiger ist als mit drei Jahren.

Bis zum Alter von drei Jahren sind Kinder wie Schwämme – vorausgesetzt, es gibt einen liebevollen Erwachsenen, der ihnen genug Zeit und Zuwendung schenkt und ein einigermaßen anregendes Umfeld ermöglicht, lernen sie einfach. Sie saugen Wissen in sich auf, wobei sie besonders interessiert an Unterschieden und Abweichungen sind. Sie lernen, indem sie vergleichen und Unterschiede erkennen. Das gilt für uns alle und bleibt das ganze Leben lang so.

Das bedeutet, dass wir von Geburt an ungeheuer interessiert an unserer sozialen Umwelt sind: Wir erkennen Unterschiede, wir versuchen, kausale Beziehungen zwischen Ereignissen herzustellen, und wir wollen Sinn schaffen und unser Wissen in neuen Umgebungen ausprobieren.

Wir sind dazu geboren, so viel wie möglich über neue Orte und neue Menschen zu lernen und uns an das anzupassen, was wir vorfinden. Das bedeutet, dass Kinder bereits sehr viel mehr übers Lernen wissen als Erwachsene.

Ob wir uns zugehörig und sicher fühlen, entscheidet sich größtenteils in diesen frühen Jahren. Grundlegende Einstellungen – einschließlich der, ob wir die Welt als freundlichen, sicheren Ort oder als feindlichen Dschungel betrachten – werden festgelegt.

| Alter | Was geschieht? | |
|---|---|---|
| 1.–12. Lebensmonat | Ein Kind, das bei Kummer oder Verunsicherungen getröstet wird, lernt, dass die Welt ein freundlicher Ort ist | Rasante Zunahme von Synapsen im Gehirn |

Wenn Ihr stressiges Kind nun nicht das ruhigste, wärmste, glücklichste Kleinkindalter erlebt hat, verzweifeln Sie nicht. Das bedeutet nicht, dass es den Rest seines Lebens die Welt als furchtbaren Ort betrachten wird. Es bedeutet jedoch, dass noch einige Arbeit vor Ihnen liegen könnte, wenn Sie ihm eine positivere Sichtweise vermitteln wollen.

| Alter | Was geschieht? | |
|---|---|---|
| 1. und 2. Lebensjahr | Eltern geben ihren Kindern die Worte, durch die sie ihr Leben leben werden | Noch kein gemeinsames Spielen |

## Vorschulalter

Dann, mit ungefähr drei oder vier Jahren, passiert etwas, und alles ändert sich. Es ist fast, als würde das vierjährige Kind unvermittelt innehalten, sich verwirrt umschauen und seiner Verwunderung Ausdruck verleihen, indem es »Warum?« fragt.

Schätzungen zufolgt stellt ein vierjähriges Kind alle zweieinhalb Minuten eine »Warum?«-Frage! Das Lernen, das bislang fast automatisch erfolgte, kostet plötzlich Mühe.

Das sind die willensstarken Jahre, in denen Kinder lernen zu teilen, Befriedigung aufzuschieben, sich zu beruhigen und Impulskontrolle zu entwickeln. Kinder, die diese Fähigkeiten jetzt nicht lernen, können das später nachholen, aber es wird schwieriger.

| Alter | Was geschieht? | |
|---|---|---|
| Drei | Rapide Sprachentwicklung, Meister oder Meisterin des Universums (ausschließlich auf sich bezogen) | Fein- und Grobmotorik entwickeln sich |
| Vier | Neugierige »Warum?«-Fragen, Entwicklung der Fantasie – Ängste, auch in der Nacht | Impulskontrolle (Fähigkeit zur Selbstberuhigung) |

Während dieser Jahre haben die Kinder oft Omnipotenzgefühle. Das heißt, sie können sich für Dinge verantwortlich fühlen, auf die sie in Wahrheit keinerlei Einfluss hatten (die finanzielle Lage der Familie, die Krankheit eines Haustiers). Es muss erhebliche Zeit und Mühe aufgewendet werden, um ihnen Ursachen und Wirkungen zu erklären.

Dieses Meister/Meisterin des Universums-Gefühl sorgt auch dafür, dass ihre Trotzanfälle große Macht gewinnen. Wenn man drei oder vier Jahre alt ist, ist es keineswegs eine großartige Sache, jeden Machtkampf zu gewinnen – denn wenn man mit seinen Trotzanfällen stärker ist als die Eltern, bedeutet das ja, dass kein Stärkerer mehr da ist, der einen beschützt. Und das ist eine beängstigende Aussicht. Für Eltern bedeutet das, dass sie es sich nicht leisten können, jedes Mal einzuknicken, wenn das Kind seine Stimme erhebt. Geben Sie nicht jeder Laune des Kindes nach.

In diesem Alter sollten Eltern bei Jungen und Mädchen in einigen Fällen unterschiedliche Prioritäten setzen. Jungen muss man dabei helfen, die Feinmotorik zu entwickeln. Konstruktionsspiele, Bausteine wie Lego oder Basteln helfen Jungen dabei, die Fertigkeiten zu entwickeln, die sie zum Schreibenlernen brauchen. Da die »Angriff oder Flucht«-Reaktion bei ihnen stärker ausgeprägt ist (siehe Kapitel 11), brauchen sie häufiger Hilfe dabei, ihre Wut zu zügeln oder ihre Tendenz, bei Kummer oder Verunsicherungen wegzulaufen. Das erfordert die starke und mitleidsvolle Erziehung der »grimmigen Freundschaft«.

Mädchen brauchen häufig Unterstützung bei der Entwicklung ihrer grobmotorischen Fertigkeiten und bei der Koordination der großen Muskelgruppen. Ballwerfen und Fangen sowie Spiele wie Figurenschleudern sind hilfreich. Segensreich ist es auch, kleinen Mädchen zu erlauben, sich dreckig zu machen. Es scheint, dass Mädchen, die zu früh zu damenhaft werden, in Gefahr stehen, Perfektionistinnen zu werden.

## Zum Mitnehmen

- Die Kinder, die sich am schnellsten entwickeln, sind später nicht unbedingt die Erfolgreichsten oder Intelligentesten.
- Kinder lernen auf zweierlei Weise: durch Nachahmung und indem sie Unterschiede wahrnehmen und herausfinden, was sie bedeuten.
- Unser Gefühl von Dazugehörigkeit und Sicherheit entsteht in diesem frühen Stadium.

# 9 Grundschulzeit und mittlere Kindheit

»*Die wahre Gefahr beim Umgang mit Fünfjährigen besteht darin, dass man sich bald selbst anhört wie ein fünfjähriges Kind.*«
Jean Kerr

## Grundschulkinder

Ungefähr mit sechs Jahren gibt es einen zweiten Entwicklungssprung, wenn das Gehirn anfängt, Sprache auf zunehmend komplexe Weise einzusetzen. Zwischen vier und acht Jahren erreicht das menschliche Gehirn 90 Prozent seines Erwachsenengewichts.

In dieser Zeit ist Aggressionsmanagement wichtig. Jedes Jahr werden Kinder mit bestehenden Bindungs- und Aggressionsproblemen eingeschult, und aus diesen Problemen wachsen sie nicht einfach heraus – im Gegenteil, es wird schlimmer, viel schlimmer! Deshalb ist es außerordentlich wichtig, Kindern zu helfen, zu lernen, die Auslöser für Wutausbrüche zu meiden und sich nicht unangemessen zu verhalten, wenn sie wütend sind.

In diesem Alter kommt es zu ersten Gruppenbildungen. Die Freundschaften sind vielleicht nicht immer auf tiefe, beständige Gemeinsamkeiten gegründet, können aber loyal und emotional intensiv sein. Oft haben Kinder einen allerbesten Freund oder eine allerbeste Freundin und sind traurig, wenn er oder sie in eine andere soziale Gruppe wechselt oder wegzieht. Versuchen Sie, dafür zu sorgen, dass Ihr Kind mehrere Spielkameraden hat, und versuchen Sie, das Zugehörigkeitsgefühl zur Familie zu stärken.

## Rückzug der passiven Widerständler

Passive Widerständler, die sich in der Schule nicht zurechtfinden, können das durch Trennungsängste zeigen oder dadurch, dass sie sehr ruhig sind. Halten Sie nach solchen frühen Warnsignalen Ausschau und besprechen Sie mit den Lehrern Strategien, wie diese Kinder mit einbezogen werden können und wie man ihnen Erfolgserlebnisse vermitteln kann.

| Alter | Was geschieht? | |
|---|---|---|
| Fünf und sechs | In diesem Alter gibt es starke Entwicklungsunterschiede | Die Moralvorstellungen bilden sich noch heraus – die Kinder erzählen Geschichten, die offensichtlich unwahr sind. |

Auch können jetzt Sorgen und Ängste in das Leben der Kinder eindringen. Durch ihre wachsende Unabhängigkeit entstehen manchmal Ängste; die Kinder fürchten Gefahren, Tod oder Unfälle. Manchmal gehen sie dann nur widerstrebend zur Schule.

Viele stressige Kinder kommen in diesem Alter zu dem Schluss, dass sie nicht gut in der Schule sind, und sagen Sachen wie: »Mathe liegt mir nicht« oder »Ich bin furchtbar schlecht in …« Zweifel an den eigenen Fähigkeiten kann das Kind dazu bringen aufzugeben. Es ist sehr wichtig, den Kindern in diesem Alter eine positive Sichtweise der eigenen Fähigkeiten zu vermitteln.

Es ist schwer, sich selbst zu lieben, wenn man nicht zuerst geliebt wird. Die Art, wie wir in der frühen Kindheit geliebt wurden, setzt uns einen Stempel auf, der so individuell und einmalig ist wie unser Fingerabdruck. Es prägt die Art und Weise, wie wir auf das Leben reagieren und wie wir den Tod sehen.

## Mittlere Kindheit

Die mittlere Kindheit wird auch »Latenzphase« genannt; es ist eine Art Ruheperiode – theoretisch die Ruhe vor den Stürmen der Pubertät. Viele Eltern von Teens erinnern sich wehmütig daran, wie das Kind mit acht Jahren war.

Ein interessanter Aspekt dieser Jahre ist die »Ich bin nicht mehr dein Freund«-Phase, in der das Kind beginnt, in sozialen Situationen seine Willenskraft einzusetzen. Viele Eltern bekommen dann gelegentlich von ihren Kindern zu hören, dass sie sie hassen. Eine Mutter erfand einen »Hassometer«, mit dem sie erfasste, wie viele Male pro Tag sie zu hören bekam, dass ihr Kind sie hasste – der Rekord betrug 87 Mal! Man könnte das als Vorbereitung auf das dicke Fell betrachten, das man sich später zulegen muss, wenn die Auseinandersetzungen wirklich heftig werden können. Eine Möglichkeit der Reaktion darauf ist, dem Kind zu sagen: »Hass mich, so viel du willst – ich werde dich lieben, so viel ich will.«

### Alarm für Wortverdreher!

In der Grundschule kommen viele Bart Simpsons zu dem Schluss, dass schulische Erfolge für sie unerreichbar sind, und übernehmen stattdessen den Job des Klassenclowns. Verhelfen Sie ihnen zu Lernerfolgen, indem Sie ihr Interesse an Büchern, Spielen und am Lernen wachhalten – lesen Sie Ihrem Kind vor, spielen Sie mit ihm und gehen Sie auf seine besonderen Interessen ein.

| Alter | Was geschieht? | |
|---|---|---|
| Sieben und acht | Kann zuhören, wenn andere reden, Bewusstwerdung des Unterschieds zwischen Recht und Unrecht | Teilt Ideen mit, will Probleme lösen, setzt die Fantasie ein |

Es kommt vor, dass stressige Kinder trotzig drohen, sich selbst das Leben zu nehmen, wenn man sie nicht tun lässt, was sie wollen. Es ist immer beunruhigend, wenn man ein Kind wütend hervorstoßen hört: »Ich wünschte, ich wäre tot« oder »Ich habe nicht darum gebeten, geboren zu werden!« Wir sollten stets auf Anzeichen für eine Depression achten, aber meistens fallen solche Sätze aus Trotz. Dennoch wollen wir nicht, dass die Kinder sich angewöhnen, mit Selbstschädigung zu drohen, um ihren Willen durchzusetzen. Sagen Sie in einem solchen Fall etwa: »Ich merke ja, wie wütend du bist, aber ich werde nicht zulassen, dass du dir selbst wehtust.«

In dieser Zeit sollten ganz klare Familienregeln aufgestellt und geklärt werden, was von wem erwartet wird. Nehmen Sie sich die Zeit, in aller Ruhe die Regeln zu erklären, die dazu beitragen sollen, dass Ihre Familie so wird, wie Sie sich das vorstellen. Das wird die Kinder nicht davon abhalten, einige dieser Regeln später in Zweifel zu ziehen, aber es erleichtert eine klare, konsequente und ruhige Erziehung.

Eine Möglichkeit, Resilienz bei jungen Menschen zu fördern, ist, von Kindern viel zu erwarten, Hoffnungen und Träume für sie zu haben und ihnen zu ermöglichen, einen positiven Beitrag zum Familienleben zu leisten. Begeben Sie sich mit den Kindern auf »Schatzsuche« – das heißt, suchen Sie nach Begabungen, Fähigkeiten und Talenten und machen Sie viel davon her. Das hilft den Kindern dabei, ein positives Selbstwertgefühl aufzubauen.

Bei sieben- bis achtjährigen Jungen ist es wichtig, ihnen zu helfen, die Fähigkeit zu entwickeln, ihre Gedanken in Worte zu fassen. Ziehen Sie sie ins Gespräch und lassen Sie nicht zu, dass sie wie ein Höhlenmensch nur einsilbige Grunzlaute äußern. Das kann viel dazu beitragen, dass die Jungen im späteren Leben gut kommunizieren können.

Hörbücher (ganz ohne Bilder!) sind eine gute Möglichkeit, Jungen zu helfen, ihre eigenen inneren Bilder zu entwickeln, und das trägt dazu bei, den sprachlichen Ausdruck zu fördern. Obwohl ich nie vorschlagen würde, dass Sie die Bilderbücher abschaffen sollten!

Mädchen sollten in dieser Zeit lernen, mit Zahlen umzugehen.

Sehr effektiv lässt sich das durch den Umgang mit Geld erreichen (lassen Sie sie beispielsweise das Wechselgeld zählen oder ausrechnen, wie viel an der Kasse bezahlt werden muss). Beide, Jungen und Mädchen, profitieren von einer Förderung der Konzentrationsfähigkeit. Konzentrationsfähigkeit, die Fähigkeit, Dinge in die richtige Reihenfolge zu bringen, und das Gedächtnis sind für den Erfolg in der Schule notwendig und können mit Hilfe der Eltern geschult werden. Das geschieht am einfachsten durch Gesellschaftsspiele wie Kartenspiele, Memory, Schach oder Domino.

### Ränkeschmied-Alarm!

Das ist die Phase, in der Ränkeschmiede zum Perfektionismus sowie zu Hänseleien und zur Ausgrenzung anderer neigen können. Unter Umständen wird das Kind nichts versuchen, wenn es nicht ganz sicher ist, dass es gut darin ist. Und es kann zur Herabsetzung anderer kommen. Betonen Sie, dass es wichtiger ist, einen Versuch zu wagen, als sich immer auf das Ergebnis zu konzentrieren.

| Alter | Was geschieht? |
|---|---|
| Neun und zehn | Bei manchen stressigen Kids kommt es in dieser Zeit zum Übergang zur Pubertät, Interessenmuster ändern sich schnell, bei einigen Kindern bildet sich ein Muster unersättlicher sofortiger Befriedigung heraus, es kommt zu Gruppenbildungen – Jungen und Mädchen getrennt, Schikanierung und Ausgrenzung kann in diesen Jahren, in denen das Verständnis von Freundschaft sich wandelt, den Höhepunkt erreichen |

# Fähigkeit zur Freundschaft entwickeln

Schulen stellen oft fest, dass bei Achtjährigen Hänseleien, Herabsetzung und Ausgrenzung zunehmen, wenn die Kinder untereinander um ihre Position in der Rangordnung kämpfen. Das bleibt bis ungefähr 13 Jahren ein großes Thema. Helfen Sie Ihrem Kind deshalb, ganz unterschiedliche Freunde zu gewinnen, idealerweise einige in der Schule und einige im außerschulischen Bereich. Ein Kind, das die Fähigkeit zur Freundschaft entwickelt hat, wird sich nicht nur in dieser Phase besser einfügen, sondern auch später eher Erfolg im Beruf und in Beziehungen haben.

Vielen stressigen Kids fällt es nicht leicht, diese Fähigkeiten zu entwickeln; manchmal brauchen sie erheblichen Beistand in diesem Bereich. Zu den grundlegenden Freundschafts-Fähigkeiten gehören:

- Die Fähigkeit, sich in andere hineinversetzen zu können und zu merken, wie das eigene Verhalten die Gefühle anderer beeinflussen kann. Eltern können darauf hinweisen, wie andere sich fühlen könnten, und es ihrem Kind ermöglichen, diesen Menschen zu helfen, damit sie sich besser fühlen. Das sind die Bausteine von Einfühlsamkeit und Mitgefühl (siehe auch Kapitel 21).
- Ein Bewusstsein der eigenen Gefühle. Oft sind stressige Kids eher aktionsbetont und relativ schlecht darin, zu erkennen, was sie gerade empfinden. Die Eltern können ihnen dabei helfen, sich über die eigenen Gefühle klar zu werden und sie zu benennen.
- Breite Interessen; das ermöglicht es den Kindern, sich mit ganz unterschiedlichen Leuten zu unterhalten.
- Die Fähigkeit zu Zusammenarbeit und Teamwork; die konkurrenzbetonten stressigen Kids sollten lernen, dass der Erfolg anderer keine Bedrohung für sie darstellt.

## Zum Mitnehmen

- Die frühe bis mittlere Kindheit ist eine wichtige Zeit für soziale Interaktion, und es ist gut, eine Reihe ganz unterschiedlicher Freunde zu haben.
- Lassen Sie nicht zu, dass sich Schulängste festsetzen.
- Sorgen Sie in dieser Phase für reichlich Gelegenheit, verschiedenste Freizeitaktivitäten auszuprobieren.

# 10 Späte Kindheit und frühe Adoleszenz

> »Kinder sind nicht glücklich, wenn sie niemanden ignorieren können. Dafür wurden die Eltern geschaffen.«
> Ogden Nash

Bis zum Alter von neun oder zehn Jahren bleibt das Gehirn von Kindern doppelt so aktiv wie das von Erwachsenen. Bei neunjährigen Kindern scheinen die Freunde zu den wichtigsten Bezugspersonen zu werden. Wir können jetzt beobachten, wie das Gehirn sich auf die Pubertät einstellt. Viele der neurologischen Veränderungen, die dort während der Pubertät ablaufen, setzen schon in diesem Alter ein.

Erwachsene betrachten ein frühes Einsetzen der Pubertät eher mit Entsetzen, aber es könnte durchaus sein, dass es manchen jungen Leuten zum Vorteil gereicht. Kinder, die früh in die Pubertät kamen, schnitten bei Intelligenztests etwas besser ab als Kinder, die spät in die Pubertät kamen, und dieser kleine Vorteil scheint bis ins Erwachsenenalter bestehen zu bleiben.

In diesem Alter fängt das Gehirn an, langsamer zu arbeiten; zwischen acht und 18 verlangsamt es sich dann bis auf Erwachsenen-Geschwindigkeit.

In dieser Zeit ist die Welt für die Kinder in zwei grundlegende Lager geteilt: Jungen und Mädchen. Zu meiner Zeit spielten alle Jungen Fußball, während die Mädchen irgendetwas Merkwürdiges mit einem Gummitwist anstellten und dazu Reime aufsagten.

Die Trennung der Geschlechter ist in dieser Phase sehr ausgeprägt, und an den Kinderzimmertüren hängen Schilder mit der Aufschrift:»Für Jungs (bzw. für Mädchen) verboten«. Aber gerade, wenn man denkt, die beiden werden nie zusammenkommen, kommt die Pubertät, und alles ändert sich.

Dafür ein paar Vorschläge:

- Sorgen Sie für ein gutes Familienklima.
- Treten Sie aggressivem Verhalten entgegen oder lenken Sie davon ab.
- Verbinden Sie hohe Erwartungen mit starkem Glauben an Ihr Kind.
- Begrenzen Sie die Zufuhr von Kohlenhydraten.
- Erweitern Sie den Freundeskreis des Kindes.
- Versuchen Sie Ihr Kind zur Kooperation mit der Familie zu bewegen und zum Umgang mit vielen verschiedenen Menschen.
- Bewahren Sie es davor, in einen Teufelskreis zornigen und aggressiven Verhaltens zu geraten, indem Sie potenzielle Konflikte früh entschärfen oder Auseinandersetzungen rasch beenden.

> **Diskutierer**
>
> Die Familie kann einem vorkommen wie ein Internationaler Gerichtshof, wenn man kleine Diskutierer hat. Versuchen Sie, alles möglichst fair zu regeln und zuverlässige Rituale zu haben.

| Alter | Was geschieht? | | |
|---|---|---|---|
| Elf und zwölf | Der Grad der körperlichen Entwicklung wird bei Freundschaften wichtig | Selbstwertgefühl-Jahre | Die Spätentwickler unter den Jungen und die Frühentwickler unter den Mädchen geraten am wahrscheinlichsten in Schwierigkeiten |

Die späte Kindheit und frühe Pubertät ist eine Zeit des Verlustes und der Trauer – das Kind ist auf eine Weise allein, wie es das in der Kindheit niemals war. Diese Einsamkeit rührt teilweise daher, dass das Zugehörigkeitsgefühl des Kindes ernsthaft durcheinandergerät. Das liegt daran, dass eine neue Identität durch die Hülle der Kindheit bricht.

Teilweise hat das mit Identitätsfindung zu tun – der Frage, wer man als Mensch ist. Sowohl Jungen als auch Mädchen bekommen den Druck zu spüren, schneller erwachsen zu werden, als sie können, und dieser Druck konzentriert sich auf die Frage, was sie mit ihrem Leben anfangen wollen – die Aufgabe, ihre Träume zu verwirklichen. Diese Beschleunigung lässt zahlreiche Opfer zurück: Für viel zu viele junge Leute wird das Leben zu einem Problem, das bewältigt werden muss, anstatt zu einem Geheimnis, das entschleiert werden darf. Die Rolle der Eltern ist, die Kindheit ihres Kindes zu schützen und dafür zu sorgen, dass es dem Druck, den Lockungen und Erfahrungen des Erwachsenenlebens nicht zu früh ausgesetzt wird.

### Zum Mitnehmen

- Mit elf oder zwölf können stressige Kids zu früh aus der Kindheit vertrieben werden.
- Da stressige Kids oft die Ersten sein wollen, die etwas ausprobieren, sollten Eltern in dieser Phase über Aktivitäten und Aufenthaltsorte ihrer Kinder genau Bescheid wissen.
- Die Anwesenheit von Eltern verringert die Wahrscheinlichkeit, dass es zu altersunangemessenen Aktivitäten kommt.

# 11 Jugendalter

> »Als es auf der Welt lediglich zwei Jugendliche gab, Kain und Abel, war einer von ihnen ein jugendlicher Straftäter.«
> Lord Aberdene

Jugendliche sind vielen Erwachsenen ein Rätsel – insbesondere ihren Eltern. In dieser Zeit kommt es im Leben eines Menschen zu großen Veränderungen, als da wären:

1. Reproduktionsfähigkeit,
2. Identitätsfindung und
3. der formale Beginn logischen, rationalen, vernünftigen Denkens.

Letzteres scheint manchmal allerdings erst mit 28 oder später erworben zu werden.

Es gibt zahlreiche Beispiele erfolgreicher Menschen, deren Jugendjahre ziemlich fragwürdig waren, ein Umstand, der sich in ihren Schulzeugnissen widerspiegelt. Ein Beispiel ist Stephen Fry, der bekannte englische Schriftsteller und Schauspieler, oder der Schauspieler Norman Wisdom, in dessen Zeugnis einmal stand: »Der Junge ist von Kopf bis Fuß ein Idiot, aber zum Glück ist er nicht sehr groß.«

Also unternehmen wir einen Spaziergang durch das Gehirn und das Denken von durchschnittlichen Jugendlichen – ein wahrhaft gefährliches Territorium. Wir müssen erwarten, gelegentlich über heiße sexuelle Fantasien zu stolpern. Sie sind solche Diskretionsfanatiker, dass es den zurückgezogensten Einsiedler in Staunen versetzen würde, und zudem besteht das Risiko, vom Pendel heftiger Stimmungsumschwünge erschlagen zu werden.

Sehen wir uns einige der hauptsächlichen Veränderungen einmal genauer an.

## »Ausdünnung« von Synapsen

Es lohnt sich immer, einen Blick auf die biologischen und evolutionsbiologischen Grundlagen von Entwicklung und Lernen zu werfen. Zwischen zehn Jahren und der Pubertät zerstört das Gehirn gnadenlos die schwächsten Verbindungen und erhält nur diejenigen, die sich als nützlich erwiesen haben. Zur »Ausdünnung« von Synapsen kommt es während des ganzen Lebens, hauptsächlich aber in der späten Kindheit und während der Pubertät. Die Synapsen, die die meisten Botschaften befördern, werden stärker, die schwächeren werden abgebaut. In der gesamten Großhirnrinde können pro Sekunde bis zu 30 000 Synapsen verloren gehen. In der Pubertät wird fast die Hälfte der Synapsen abgebaut, die im Kindesalter vorhanden waren. Das trägt zur Verfeinerung und Spezialisierung bei. Deshalb sind die Erfahrungen auch so wichtig, die wir Kindern und jungen Leuten zwischen ihrem neunten und 19. Lebensjahr ermöglichen.

| Alter | Was geschieht? | |
|---|---|---|
| Dreizehn | Exklusive Freundescliquen bei Mädchen | Sehr auf sich selbst zentriert, brauchen Rückzugsbereiche, sind aber noch auf die Eltern angewiesen |
| Vierzehn | Sexuelle Identität, Beliebtheit, Ausdifferenzierung | |

Jerome Bruner stellt in seinem Buch »Wie das Kind sprechen lernt« die These auf, dass menschliche Babys so lange abhängig bleiben, damit sie alles über die Lebensbedingungen in ihrem sozialen Umfeld lernen. Um zu überleben, lernen wir, in fast jedem Umfeld zurechtzukommen, unseren Verstand einzusetzen und außerordentlich anpassungsfähig zu sein.

| Alter | Was geschieht? | |
|---|---|---|
| Fünfzehn | Die meisten Entscheidungen werden auf der Grundlage von Gefühlen getroffen | Gefährliche Aktionen, um in der Gruppe Anerkennung zu bekommen |

In dieser Zeit strukturiert sich das Gehirn neu, um intelligenter und effizienter zu werden. Es ist wichtig, dies zu nutzen, indem man jungen Leuten hilft, produktive Denkmuster und Lerngewohnheiten zu entwickeln.

## Baustelle Präfrontalkortex

Das Zweite, was zu beachten ist, ist, dass der Präfrontalkortex – der Teil des Gehirns, der uns hilft, zu planen, nachzudenken, Impulse zu kontrollieren, kluge Urteile zu fällen (kurz, freundliche, fürsorgliche, rücksichtsvolle Menschen zu sein), deutlich später reift als andere Hirngebiete. Zu Beginn der Pubertät könnte man am Präfrontalkortex (auch Frontallappen genannt) der meisten jungen Leute ein Schild anbringen, auf dem steht: »Wegen Wartungs- und Umbauarbeiten geschlossen.« In dieser Zeit wird der Präfrontalkortex neu strukturiert, um ein Kind auf das Erwachsenenleben vorzubereiten.

Vielleicht fragen Sie sich jetzt, was denn so besonderes am Frontallappen ist? – Dieser Teil des Gehirns ist es, der uns zivilisiert sein lässt und uns am meisten vom Tier unterscheidet. Die Hirnforscherin Susan Greenfield schätzt, dass im Laufe der Geschichte die Größe des Stirnhirns beim Menschen um 29 Prozent zugenommen hat, beim Schimpansen um 17 Prozent und bei Katzen um 3 Prozent.

| Alter | Was geschieht? |
|---|---|
| Sechzehn | Annehmen des eigenen Aussehens und der Männer- bzw. Frauenrolle, zunehmende gegenseitige Unterstützung in Freundschaften, zunehmende Unabhängigkeit von Eltern und Lehrern, die organisatorischen Anforderungen der Schule sind oft eine große Herausforderung, stressige Kids entwickeln in dieser Zeit häufig einen »Dr. Jekyll und Mr. Hyde«-Lebensstil: In der Öffentlichkeit sind sie entzückend, zu Hause wahre Ungeheuer |

In der frühen Pubertät ist der Präfrontalkortex also zeitweilig lahmgelegt. Das bedeutet, das Gehirn von Jugendlichen ist eher auf Gefühle, Kämpfe, Wegrennen und Romantik als auf Vorausplanung und Kontrolle von Impulsen eingestellt. Manche Eltern vergessen das. Zwar würde es ihnen nicht einmal im Traum einfallen, ihren Teens freie Verfügungsgewalt über ihre Ersparnisse zu geben, aber es kommt durchaus öfters vor, dass sie ihnen das Haus mit sämtlichen wertvollen Möbeln darin überlassen und dann erstaunt über die Folgen sind!

Eltern müssen quasi als Frontallappen ihrer Teens fungieren. Jugendliche zur Vorausplanung aufzufordern ist, als würde man von einem Dreijährigen verlangen, Physik zu lernen. Aus diesem Grund bekommen zu viele zu früh eingeräumte Freiheiten auch den wenigsten jungen Leuten.

Zu Beginn der Pubertät müssen Jugendliche noch in sich selbst hineinwachsen. Im Durchschnitt legen sie in vier oder fünf Jahren 20 Kilo zu und wachsen fast einen halben Meter. Und genau wie in ihren Körper müssen Jugendliche auch in ihr Gehirn noch hineinwachsen.

Man könnte fast sagen, Jugendliche in dieser Phase sind wie ein PS-starker, hoch getunter Sportwagen: große Beschleunigung, wunderbare Linien, viel Sexappeal, aber ausgesprochen schlechte Bremsen ... ach, und ein Fahrer mit dem Verkehrsempfinden eines Ohrwurms.

| Alter | Was geschieht? |
| --- | --- |
| Siebzehn | Streben nach finanzieller Unabhängigkeit, Berufswahl, Entwicklung der intellektuellen Fähigkeiten und Konzepte, die für staatsbürgerliche Kompetenz notwendig sind, Anstreben und Erzielen sozial verantwortlichen Verhaltens |

> **Was bedeutet das für Eltern mit stressigen Teens?**
> - Jugendliche sind keine Mini-Erwachsenen.
> - Erwarten Sie keine große Voraussicht oder Planung von ihnen.
> - Das Gehirn wird umgebaut, um leistungsfähiger zu werden, und das müssen wir nutzen. Helfen Sie Ihrem Teen, Gewohnheiten und Routinen anzunehmen, die es ihm erlauben, cleverer zu arbeiten, nicht härter.

## Gefühle

In der Pubertät passieren noch andere interessante Dinge. Es kommt zu hormonellen Veränderungen, und die Gehirne von Heranwachsenden zeigen mehr Aktivität in den für Emotionen zuständigen Teilen des Gehirns (dem limbischen System) als in den Teilen, die für Vorausplanung und Impulskontrolle zuständig sind (Frontallappen beziehungsweise Präfrontalkortex). Das bedeutet, dass Jugendliche am besten lernen, wenn sie gefühlsmäßig angesprochen sind. Sie behalten Dinge im Gedächtnis, die sie selbst angehen und die für ihre Lebenssituation relevant sind.

Ein Vater, mit dem ich einmal sprach, hätte am liebsten ein Schild an die Tür des Zimmers seiner Tochter gehängt, auf dem stand: »Warnung – heftige Stimmungsschwankungen!« Jugendliche *lieben* Intensität, Aufregungen und Erregung. Deshalb schätzen sie auch Musik, Leidenschaft und Horrorfilme.

Um diese Zeit senden Jugendliche oft übertriebene Signale wie höhnisches Grinsen, Augenverdrehen und tiefe Seufzer aus. Unkluge Eltern und Lehrer reagieren auf diese Signale.

| Alter | Was geschieht |
|---|---|
| Achtzehn | Aufbau bewusster Wertvorstellungen in Harmonie mit der Welt, Aufbau von Fähigkeiten wie Stressmanagement, Energiemanagement, Zeitmanagement und guter Organisation |

Doch aus den genannten Gründen ist es *absolut sinnlos*, sich mit Jugendlichen auf eine Diskussion einzulassen.

Jugendliche sind nicht nur selbst emotional extrem hoch geladen, sondern auch ausgesprochen schlecht darin, die emotionalen Signale anderer Leute zu deuten, insbesondere Angst.

Vieles deutet darauf hin, dass das Gehirn sich am besten entwickelt, wenn es in persönlichen Interessensgebieten verweilen und spielen darf. Das trifft möglicherweise inbesondere dann zu, wenn die Jugendlichen sich dabei in Gesellschaft von Menschen befinden, auf deren Meinung sie Wert legen.

> **Was bedeutet das für Eltern mit stressigen Teens?**
>
> Es gibt zwei Fragen, die zu stellen ziemlich sinnlos sind:
> 1. »Was hast du dir nur dabei gedacht?« (weil sie oder er sich wahrscheinlich gar nichts gedacht hat),
> 2. »Konntest du denn nicht sehen, dass er Angst hatte?« (weil er oder sie es eben nicht sehen konnte).
>
> Jugendliche entwickeln sich am besten, wenn sie nicht zu große Freiräume haben: Sie brauchen die Eltern jetzt genauso sehr wie früher, wenn nicht noch mehr.

## Myelinisierung

Noch etwas geschieht im Gehirn von Jugendlichen: die Myelinisierung. Das Myelin ist eine fettähnliche Substanz, die die Axone, die faserartigen Fortsätze der Nervenzellen, ummantelt und die es dem Gehirn ermöglicht, schnell und effizient zu kommunizieren. Einfach ausgedrückt, mit Myelin zieht die Formel 1 ins Gehirn ein.

Während der Pubertät nimmt die Myelinschicht in einigen Gehirnbereichen um fast 100 Prozent zu. In zwei Gehirnbereichen ist das besonders ausgeprägt, nämlich im Hippocampus, der mit dem Gedächtnis zu tun hat, und dem Gyrus cingulatus, der mit Gefühlen zu tun hat. Diese Forschungsergebnisse erklären zwei der großen Rätsel des Lebens mit Jugendlichen. Jahrelang konnte ich beobachten, wie Eltern zu ihren heranwachsenenden Kindern sagten: »Was hast du dir nur dabei gedacht?«, um einen verständnislosen Blick, ein Achselzucken oder ein »Weiß nicht« zu ernten. Ich hatte immer angenommen, diese Ahnungslosigkeit wäre aufgesetzt, aber mittlerweile denke ich, die Jugendlichen wissen es wirklich nicht. Sie haben einfach nicht nachgedacht – nur reagiert.

Was die Forschung über die starke Myelinisierung im Gyrus cingulatus sagt, könnte auch zur Erklärung des Rätsels mancher Interaktionen in der Familie beitragen. Das Gyrus cingulatus hat damit zu tun, wie wir in bestimmten Situationen reagieren. Die relative Unfähigkeit mancher Jugendlicher, Konsequenzen zu durchdenken und ihre Reaktion angemessen zu gestalten, erklärt teilweise, warum in der Familientherapie Eltern so oft klagen, ihr Teen würde »völlig unmotiviert ausflippen« oder »hochgehen wie eine Rakete«, wenn sie ihn beispielsweise auffordern, den Müll rauszubringen. Jugendliche neigen extrem zu impulsiven Handlungen.

## Verstärkter Anschluss an Gleichaltrige

Für die meisten von Ihnen wird es keine Überraschung sein, dass das Gehirn von Jugendlichen nicht nur stürmisch emotional, sondern auch unglaublich gesellig ist. Die Neurowissenschaftlerin Linda Spear hat darauf hingewiesen, dass bei den meisten Spezies zur Zeit der Geschlechtsreife eine Änderung im Sozialverhalten eintritt. Spielerische Kämpfe und Spielverhalten nehmen zu, um später, wenn die sexuelle Reife erreicht ist, wieder abzunehmen.

Jugendliche bringen bis zu einem Drittel ihrer wachen Zeit mit Gesprächen mit Gleichaltrigen zu, aber nur 8 Prozent ihrer Zeit im Gespräch mit Erwachsenen.

Teens sind ganz groß in Nachahmung, sei es im Bereich Mode, Musik, Lipgloss oder Deo. Und Teens achten sehr darauf, keinesfalls die Anerkennung der Clique zu verlieren. Viele leben in zwei Welten: der Welt der Clique, wo sie cool und berechnend sein müssen, und der Welt der Familie, wo sie noch jung sein und auch mal Fehler machen dürfen. Eltern sollten nicht erwarten, dass Jugendliche sich in Gegenwart Gleichaltriger ebenso verhalten wie in der Familie.

### Besser-sein-Woller: Vorsicht!

Heranwachsende Martina Navratilovas und Lance Armstrongs kommen manchmal nur schlecht mit Verlust und Versagen in der Oberstufe klar. Es besteht die Gefahr, dass sie es aufgeben, die Welt herausfordern zu wollen, und sich buchstäblich hinter einen Rauchschleier zurückziehen. Die Welt der Drogen tut diesen Kids nicht gut. Sorgen Sie dafür, dass sie Abenteuer erleben können, vorzugsweise mit körperlichen Herausforderungen und neuen Freunden.

## Empfindlichkeit gegenüber Stress

Die Fähigkeit von Jugendlichen, Entscheidungen zu treffen, wird möglicherweise stärker durch die Belastungen und den Stress des Alltagslebens gestört als bei Erwachsenen. Jugendliche bekommen häufig zu wenig Schlaf, was die Empfindlichkeit gegenüber Stress noch erhöhen kann. Sie machen oft mehr negative Lebenserfahrungen (Veränderungen im Freundeskreis, Wechsel bei romantischen Beziehungen, in der Schule) als Erwachsene, sehen diese auch negativer und haben weniger Kontrolle darüber. Das kann ihr Gefühl von Hilflosigkeit noch verstärken.

Je mehr negative Erlebnisse Jugendliche haben, desto wahrscheinlicher ist es, dass sie Problemverhalten zeigen, und umso weniger nutzen sie die Freizeit zur Entfaltung persönlicher Interessen und Talente.

Heranwachsende zeigen unter Zeitmangel deutlich schlechtere kognitive Leistungen als unter optimalen Testbedingungen. Das bedeutet, dass sie unter Umständen bei Klausuren und Prüfungen schlecht abschneiden. Wenn das der Fall ist, sorgen Sie dafür, dass Ihr Kind nicht denkt, dass es deshalb nichts kann.

| Alter | Was geschieht? |
|---|---|
| Frühes Erwachsenenalter | Frustration, da der Wunsch nach Selbstständigkeit und Unabhängigkeit durchkreuzt wird durch eine Ausbildung oder die Notwendigkeit weiterer finanzieller Unterstützung von der Familie. In den »schrecklichen Zwanzigern« kann es zu Familienkonflikten kommen, da es jede Menge unterschiedlicher Ansichten zum Thema Sex, Romanzen und den Beitrag zum Haushalt gibt. Halten Sie die jungen Erwachsenen beschäftigt und aktiv am Leben beteiligt. |

## Erhöhte Risikobereitschaft

Jugendliche gehen gern Risiken ein. Sie lieben leichtsinniges Verhalten und gefährliche Mutproben. Laut einer Studie gab es im untersuchten Monat bei 80 Prozent der Elfeinhalb- bis Fünfzehnjährigen ein oder mehrere Fälle von Problemverhalten wie Ungehorsam gegenüber den Eltern, Fehlverhalten in der Schule, Greifen zu Alkohol, Zigaretten und anderen Drogen und soziales Fehlverhalten einschließlich Diebstahl oder Raufereien.

Es ist normal, in der Pubertät Risiken einzugehen. Die Jugendlichen, die das tun, fühlen sich eher von der Gruppe akzeptiert, sie betrachten sowas als Spaß. Jugendliche, die das nicht tun, gelten als ängstlich und überkontrolliert.

Jugendliche gehen aus verschiedensten Gründen Risiken ein:

- wegen der Neuheit – möglicherweise ist der Wunsch nach einem Adrenalinkick besonders ausgeprägt,
- um andere, intensivere Erfahrungen zu machen,
- um die Chancen auf Sex zu erhöhen,
- um Kummer zu lindern und besser mit Stress zurechtzukommen.

- Mutproben können auch als Versuch betrachtet werden, Erfahrungen mit sich und der Welt um sich herum zu sammeln.

> ## Draufgänger
>
> Sie werden Draufgänger nicht davon abhalten können, Risiken einzugehen. Bieten Sie ihnen also positive Möglichkeiten dazu, die auch Spaß machen. Lassen Sie sie Wildwasserkanufahren, Bergsteigen oder Klettern im Hochseilgarten, Motocrossfahren, Surfen, Kampfkunstsportarten ausüben – alles, was Ihnen einfällt!

Alfred Adler sagt: Menschen versuchen erst, auf sozial unerwünschte Weise zum Erfolg zu kommen, wenn sie lernen mussten, dass es ihnen auf sozial erwünschte Weise nicht gelingt. Das ist ein sehr wichtiger Punkt bei stressigen Kids. Finden Sie akzeptable Möglichkeiten für sie, Risiken einzugehen und Erfolge zu erzielen.

*Risiken und das Experimentieren mit Drogen*
Eine Möglichkeit zum Bekämpfen von Langeweile ist, Erfahrungen mit Drogen – auch legalen – zu sammeln. Ein gewisses Maß an Experimentieren in diesem Bereich ist während der Pubertät üblich. Es besteht allerdings Grund zur Sorge, da Jugendliche möglicherweise schneller süchtig werden als Erwachsene. Jugendliche, die sich gestresst fühlen, greifen häufig zu Alkohol und Drogen.
   Alkohol und Zigaretten gelten oft als Einstiegsdrogen, die zum Missbrauch weniger legaler Drogen führen können. Greifen Kinder früh zu Alkohol, kommt es später häufig zu regelmäßigem Alkoholmissbrauch und Alkoholismus. Zudem kann das Trinken auch Auswirkungen auf die Gehirnentwicklung haben.
   Eine frühe Bekanntschaft mit Alkohol wird von einer Reihe weiterer Risikofaktoren begleitet: Gewalt, kriminelles Verhalten, riskantes Sexualverhalten, frühe Schwangerschaften und gefähr-

liches Fahren. Es lohnt sich also, ein Herumexperimentieren Ihres Kindes mit Alkohol und Drogen möglichst weit hinauszuschieben.

## Wut und Aggression

Bei einer ganzen Reihe von Primaten erreicht das aggressive Verhalten während der Geschlechtsreife einen Höhepunkt. Aggression hat seinen Ursprung im limbischen System, insbesondere im Mandelkern, der emotionale Erfahrungen bewertet und die »Angriff oder Flucht«-Reaktion prägt (das heißt, er teilt einem mit, sich gegen eine Bedrohung zu verteidigen oder vor ihr davonzulaufen). Bei hoch emotionalen Zuständen ist bei Jugendlichen weniger Aktivität im Präfrontalkortex und mehr Aktivität im Mandelkern zu beobachten als bei Erwachsenen. Das bedeutet, sie sind für eine Auseinandersetzung gerüstet und weniger darauf aus, alles noch einmal zu durchdenken.

## Wege durch die Pubertät

Schauen wir uns doch einmal anhand einer Grafik an, welche Entwicklungsverläufe bei tricky Teens möglich sind.

**1: Es spielend schaffen.** Es ist wichtig, nicht zu vergessen, dass die meisten stressigen Kids gut durch Kindheit und Pubertät kommen. Klar, es gibt gelegentliche Krisen. Wie alle Jugendlichen machen sie sich Gedanken, ob sie wohl einen Freund/eine Freundin finden, und beklagen zu viele Pickel oder zu wenig Freiheiten. Aber die meisten jungen Leute mögen ihre Familie, kommen meistens gut mit den Eltern klar und bewahren sich ein positives Selbstwertgefühl.

**2: Probleme in der frühen Adoleszenz.** Der Beginn der Pubertät, wo Hormone, Körperwachstum, erhöhte Reizbarkeit und Stimmungsschwankungen die Beziehungen zu anderen Men-

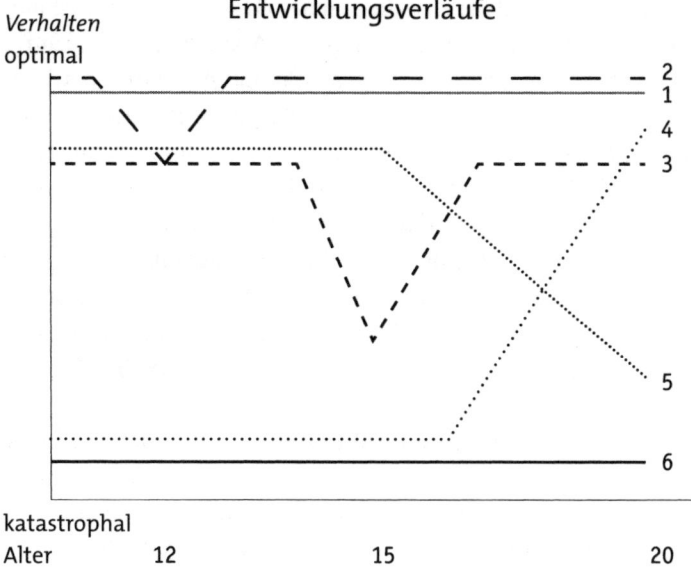

schen prägen, ist für viele stressige Kids eine Zeit verminderter Funktionalität.

**3: Anfälle in der mittleren Adoleszenz.** Diese Kurve ist in Schulen berüchtigt; das Phänomen tritt meist in Klasse 8 oder 9 auf. Eine Untergruppe stressiger Kids zeigt jetzt aggressives oder kriminelles Verhalten. Die große Angst der Eltern ist dann oft, dass die jungen Leute in Kriminalität und Drogensucht abrutschen. Riskante Mutproben sind bei dieser Gruppe üblich; es könnte ihre Art sein, ihre Autonomie auszudrücken. Doch im Allgemeinen nehmen diese stressigen Kids als Erwachsene keinen negativen Lebensstil an.

**4: Wende zum Besseren.** Bestimmte Lebensereignisse und Gelegenheiten können zu einem Anstieg der Funktionalität beitragen. In dieser Zeit des Heranwachsens und zunehmender Autonomie gelingt manchen stressigen Kids der Anschluss an einen flexibleren Erwachsenen. Andere sprechen von einer bestimmten Lehrerin oder einem Therapeuten, der in der Lage war, sie zu inspirieren und zu unterstützen; jemand, der an sie glaubte.

**5: Abfall in der mittleren Adoleszenz.** Das ist eine Gruppe junger Leute, bei denen mit 15 oder 16 ein Abstieg einsetzt, häufig begleitet von Depressionen, Aggression und Alkohol- oder Drogenmissbrauch. Oft verschlimmern sich diese Probleme in der späten Adoleszenz noch. Diese jungen Leute tun sich mit einer problematischen Clique zusammen, da sie das als ihre einzige Möglichkeit erleben, soziale Anerkennung und Erfolgserlebnisse zu bekommen. Da sie fest an ihre Unfähigkeit glauben, sich einzufügen und persönliche Erfolge zu erzielen, verhalten sie sich so, dass die Reaktionen der anderen Menschen auf ihr Verhalten sie wiederum in dieser verzweifelten Position bestätigen.

**6: Durchgängig schlechte Funktionalität.** Diese jungen Leute haben bei Eintritt in die Pubertät bereits eine Kindheitsgeschichte von Problemen oder Störungen hinter sich. Sie kommen häufig aus Verhältnissen extremer Armut und sozialer Randständigkeit, haben Eltern mit psychischen Erkrankungen oder Alkohol- oder Drogenproblemen oder wachsen in von Gewalt geprägten Verhältnissen auf.

### Was bedeutet das für Eltern stressiger Teens?

- Machen Sie sich klar, dass Kinder und Jugendliche keine Mini-Erwachsenen sind. Das wachsende Gehirn befindet sich im Übergang: Es unterscheidet sich neurochemisch und anatomisch vom erwachsenen Gehirn.
- Machen Sie sich klar, dass diese Veränderungen unter Umständen erst lange nach dem 20. Lebensjahr abgeschlossen sind.
- Denken Sie daran: Der Präfrontalkortex von Jugendlichen ist »wegen Wartungs- und Umbauarbeiten geschlossen«. Erwarten Sie nicht, dass Jugendliche viel Voraussicht, Planung oder Rücksichtnahme zeigen.
- Packen Sie sie bei ihren Gefühlen. Wenn Sie wollen, dass Kinder und Jugendliche lernen, machen Sie den Lernstoff emotional relevant. Setzen Sie Lieblingssendungen im Fernsehen ein, um Interesse zu wecken.

- Bombardieren Sie sie mit positiven Anreizen. In diesem Alter wird Motivierung schwierig. Setzen Sie Belohnungen ein. Verflixt, setzen Sie alles ein, was Ihnen einfällt, um das Interesse wachzuhalten. Wenn Ihre Kinder am Ende dieser Jahre sagen können: »Ich mag das Leben, es macht mir Spaß, ich werde erfolgreich sein (und meine Eltern sind gar nicht *so* übel)«, haben Sie eine Medaille verdient.
- Sagen Sie Ihrem Kind, dass Sie es lieben. Sagen Sie ihm das immer wieder.
- Seien Sie sich bewusst, dass zu viele Freiräume nicht gut sind.
- Und zuletzt: Unterschätzen Sie niemals Ihren Einfluss. Tricky Kids brauchen jemanden um sich herum, einen Erwachsenen, der ihnen voraus ist, jemanden, mit dem sie sich auseinandersetzen können, aber den sie letztlich auch nachahmen und dem sie nacheifern können. Und ob Sie es nun glauben oder nicht: Dieser Jemand sind Sie. Die beste Art, zumindest die Illusion aufrechtzuerhalten, dass Erwachsene den Kids einiges voraushaben, ist zu wissen, wie man wieder für ein besseres Familienklima sorgt, wenn es sein muss.

### Zum Mitnehmen

- Die Pubertät kann für Familien mit stressigen Teens eine konfliktreiche Zeit sein.
- Wichtig ist, die Forderung von Teens nach mehr Freiheiten nicht misszuverstehen: Ihr Kind braucht Sie jetzt keineswegs weniger als vorher.
- In diesem Alter brauchen stressige Teens viel, viel »Zuwendung« von den Eltern.

# Teil 3
# Wie man Veränderungen bewirkt

Ab und zu verfallen alle Familien in Muster, die wenig hilfreich sind. Bei tricky Kids in der Familie ist das fast unvermeidlich. Die folgenden Kapitel sind ein Destillat aus über 25 Jahren klinischer Praxis in der Arbeit mit stressigen Kids und ihren Familien. Sie enthalten zudem Ideen und Anregungen von vielen tausend Eltern, die sich in meinen Workshops über die Glücksmomente, Dilemmata und Katastrophen bei der Erziehung herausfordernder Kinder ausgetauscht haben.

Ich hoffe, die Ideen, die in den folgenden Kapiteln vorgestellt werden, werden Ihnen einleuchten – aber jede Familie ist anders. Das heißt, Sie werden diese Anregungen für den Gebrauch in Ihrer Familie anpassen müssen. Niemand kennt Ihre Kinder so gut wie Sie. Und das heißt, Sie können am besten beurteilen, welche der vorgeschlagenen Strategien für Ihre Situation passen und welche nicht.

Also, machen Sie sich eine Tasse spannungslindernden Tee, stellen Sie sich einen leckeren Snack hin und lesen Sie. Nur noch ein kleiner Ratschlag, bevor wir anfangen:

Seien Sie kühn!

# 12 Die Biochemie hinter den Stimmungen

Bei tricky Kids heißt es: Stimmung unberechenbar. Wenn man stressige Kids und Teens erzieht, ist es entscheidend, ihre Stimmungen deuten zu können und zu wissen, wie man sie verändert. Sie wissen Bescheid über emotionale Befindlichkeiten. Sie haben selber welche. Es gibt beispielsweise Tage, an denen man bester Laune ist und sich gut fühlt. Wenn dann jemand etwas zu einem sagt, das einen normalerweise aufgeregt hätte, meint man vielleicht nur: »Ist schon okay.«

Wenn Sie ein stressiges Kind haben, kennen Sie sich bestens mit Stimmungen aus. Manchmal ist Ihr Kind schon beim Aufwachen miesester Laune, und Sie denken bei sich: »O je, er ist mit dem falschen Fuß aufgestanden. Das wird heute nichts mehr« – oder so ähnlich.

Wir haben alle mit Stimmungsschwankungen zu tun. Eltern stressiger Kids müssen Experten im Erzeugen und Verändern emotionaler Befindlichkeiten werden.

Ganz wichtig ist, dass Sie eins wissen:

> Man kann das Verhalten von Kindern nicht ändern, ohne zuvor ihre Stimmung zu ändern.

Wenn man schlechter Laune ist, hat man nicht viele Verhaltensweisen zur Auswahl. Ein müdes, misslauniges Kind ist reizbar und nervtötend oder unausstehlich und unansprechbar. Glück und Zustimmung sind keine Optionen, die ihm in diesem Augenblick zur Verfügung stehen. Wenn Sie von einem stressigen Kind erwarten, dass es von wütend auf glücklich umschaltet, ohne dass etwas Wesentliches dazwischen passiert, leben Sie in Fantasia.

Lassen Sie mich den Kerngedanken noch einmal wiederholen: Man kann das Verhalten von Kindern nicht ändern, ohne zuvor ihre Stimmung zu ändern.

Die Stimmungen, die wir alle erleben, haben nicht nur damit

zu tun, wie der Tag so läuft, sondern auch mit den biochemischen Stoffen in unserem Gehirn und unserem Körper.

Die unsichtbare Welt der Körper- und Hirnchemie hat ebenso viel Einfluss auf unsere Gefühle wie ein trauriges oder schönes Erlebnis. Wenn Eltern das hören, stoßen sie oft einen Seufzer der Erleichterung aus – denn es erklärt, warum manche Verhaltensweisen wie »aus heiterem Himmel« kommen, ohne Vorwarnung oder etwas, das sie verursacht hätte.

Eltern von tricky Kids müssen keine Experten in Neurochemie und Neurophysiologie werden, aber es lohnt sich, über vier zentrale biochemische Botenstoffe Bescheid zu wissen. Dieses Wissen kann Ihre Familie verändern.

Von zweien dieser Neurotransmitter wünschen Eltern stressiger Kids sich normalerweise gern *weniger*: Adrenalin und Cortisol.

Von den beiden anderen, Dopamin und Serotonin, wünschen Eltern sich normalerweise *mehr*.

## Adrenalin = Action

Adrenalin ist mitverantwortlich für einen Zustand aufgeputschter, rauschhafter Aufregung. Leute, die auf Adrenalinenergie leben, lassen die Kerze an beiden Enden brennen. Es macht sie weniger flexibel, und es erschwert stressigen Kids, ihre Stimmung zu verändern.

Bei viel Adrenalin ist der Mandelkern – der »Angriff-Flucht«-Bereich des Gehirns – sehr aktiv. Dieser Teil des Gehirns kann dann so aktiv werden, dass er fast alles andere überlagert. Es ist eine sehr starke Reaktion. Sie kennen das ja vielleicht selbst: Am Morgen hat jemand eine gemeine Bemerkung gemacht, und Sie waren den ganzen Rest des Tages nicht wie sonst. Das liegt zumindest teilweise daran, dass Sie bedroht wurden, Ihr Adrenalinspiegel stieg und der »Angriff-Flucht«-Mechanismus einsetzte.

Wenn ein stressiges Kind einen Adrenalinschub hat, ist es vollkommene Zeitverschwendung, zu versuchen, sein Verhalten zu ändern. Erst muss der Adrenalinspiegel gesenkt werden. Es gibt klare Anzeichen, an denen man erkennen kann, ob stressige Kinder oder Jugendliche einen Adrenalinschub haben – siehe Kasten unten.

Ein Familienleben, in dem es viel Wiederholung und verlässliche Rituale gibt, kann den Adrenalinspiegel senken. Eine klare, ruhige Botschaft an das betroffene Kind: »Bei uns wird das so und so gemacht« hilft ihm, sich sicher zu fühlen. Weniger Anregung und mehr ruhige Entspannungsphasen können ebenfalls helfen.

Manchmal werden Sie allerdings den Adrenalinspiegel erhöhen wollen, da Adrenalin Energie mobilisiert. Sie können das durch Zeitlimits erreichen, zum Beispiel: »Versuchen wir doch mal, ob wir es schaffen, dein Zimmer in zehn Minuten aufzuräumen. Danach spielen wir ein Spiel.«

### Mögliche Anzeichen für einen hohen Adrenalinspiegel

- Das Kind zeigt albernes, »überdrehtes« Verhalten,
- es hat Einschlafschwierigkeiten,
- es hat jede Menge Energie,
- es rennt weg, wenn es sich aufgeregt hat,
- es ist häufig in kleinere Streitereien und Konflikte verwickelt,
- es fällt ihm schwer, seine Aufmerksamkeit zu verlagern,
- es probiert nur widerstrebend Neues aus,
- es ist immer sehr geschäftig, bekommt aber nichts »gebacken«.

### Cortisol-Cowboys und -Cowgirls

Der andere Neurotransmitter, auf den man achten sollte, ist das Cortisol. Cortisol ist das Stresshormon, und es wird mit Adrenalin freigesetzt. Klasse, was? Gestresst *und* aufgedreht.

Cortisol beeinträchtigt die Fähigkeit, sich sprachlich auszudrücken. Waren Sie je vor Schock sprachlos und vorübergehend unfähig, Ihre Gedanken in Worte zu fassen? Das lag daran, dass das

Cortisol die Broca-Region Ihres Gehirns – das Sprachzentrum – überflutet und für eine Weile stillgelegt hat. Tricky Kids, die stark unter Stress stehen, fällt es oft schwer, ihre Gedanken in Worte zu fassen. Deshalb kommt es vor, dass man als Antwort nur einsilbige Grunzer bekommt, insbesondere von Jugendlichen.

Cortisol vermindert die Fähigkeit eines Menschen, einen einmal eingeschlagenen Kurs zu ändern, und führt dazu, dass er sich leicht aufregt. Es reduziert auch die Fähigkeit, unwesentliche Informationen herauszufiltern, was teilweise erklärt, warum es gestressten Leuten schwerfallen kann, Prioritäten zu setzen. Es gibt klare Anzeichen dafür, ob Kids Cortisol-Cowboys oder Cowgirls sind – siehe Kasten unten.

Eltern stressiger Kids werden oft den Wunsch verspüren, den Cortisolspiegel ihres Kindes zu senken. Die Cortisolausschüttung wird durch feste Familiengewohnheiten und Rituale verringert und dadurch, dass das Kind sich sicher vor Gewalt, Bloßstellungen und Beschämung fühlen kann. Zudem sollten Sie dafür sorgen, das Ihr Kind nicht zu viel Zucker zu sich nimmt und genug trinkt. Ausreichend Schlaf senkt sowohl den Cortisol- als auch den Adrenalinspiegel.

Es wurde festgestellt, dass Neonröhren dazu beitragen, den Cortisolspiegel zu erhöhen. Familien mit stressigen Kids sind mit indirekter Beleuchtung und Lampen mit Glühbirnen besser bedient.

### Mögliche Anzeichen für einen hohen Cortisolspiegel

- Das Kind hat Schwierigkeiten, sich sprachlich auszudrücken,
- es ist besorgt und wachsam,
- es regt sich leicht auf,
- es ist nervös und gereizt,
- es ist defensiv,
- es neigt zu Überreaktionen,
- es muffelt vielleicht etwas stärker als sonst (Stress macht den Schweiß saurer),
- es fällt ihm schwer, Prioritäten zu setzen.

## Dopamin

Dopamin weckt auf und regt an. Dopamin sorgt für Wohlgefühl und Motivation: Es ist das Partytier der Neurochemie.

Dopamin hilft gegen schlechte Laune und Schlappheit. Irgendwann zwischen neun und zehn Jahren erreicht die Dopaminausschüttung den Stand eines Erwachsenen, in der Pubertät sinkt sie wieder. Das erklärt, warum es schwerer sein kann, Jugendliche zu motivieren als kleinere Kinder. Es gibt klare Anzeichen dafür, ob stressige Kids unter Dopaminmangel leiden – siehe Kasten unten.

Dopamin spielt zudem eine wichtige Rolle beim Lenken der eigenen Aufmerksamkeit und bei der Konzentrationsfähigkeit. Eltern stressiger Kids möchten daher gelegentlich für einen Dopaminanstieg sorgen. Versuchen Sie es einmal mit:

- Sportarten mit sich ständig wiederholenden Bewegungsabläufen wie Tischtennis, Schwimmen und Walking,
- vor Herausforderungen stellen und Probleme lösen – bitten Sie Ihre Kinder, Ihnen zu helfen, eine Lösung für irgendein Familienproblem zu finden,
- sozialer Interaktion – selbst die einsiedlerischen passiven Widerständler profitieren von dem Dopaminanstieg, den sie erleben, wenn sie unter Menschen kommen,
- Belohnungen – Anreize, Bestechung, nennen Sie es, wie Sie wollen, es funktioniert!
- Nahrungsergänzungstoffen wie Tyrosin und den Fettsäuren Omega 3 und 6.

### Mögliche Anzeichen für einen niedrigen Dopaminspiegel

- Das Kind hat Schwierigkeiten, sich zu konzentrieren,
- es ist unmotiviert,
- es ist nicht stolz auf seine Leistungen,
- es ist lethargisch und müde,

- es ist uninteressiert und will nichts ausprobieren,
- es findet die Aufgabe schwierig oder verunsichernd, von einer Beschäftigung zu einer anderen zu wechseln.

## Serotonin

Serotonin ist das stärkste Antidepressivum, das der Menschheit bekannt ist, und alle, stressige Kids und ihre Eltern, könnten sicher gut mehr davon gebrauchen. Während Dopamin ein aufgeputschtes Hochgefühl verleiht, macht Serotonin ruhig und leistungsfähig. Es löst ein ruhiges Wohlbefinden aus und ermöglicht ruhige, bedachte Entscheidungen.

Es gibt klare Anzeichen dafür, ob stressige Kids zu wenig Serotonin haben – siehe Kasten auf der nächsten Seite. Ein niedriger Serotoninspiegel wird auch mit Depressionen in Verbindung gebracht.

Serotonin kann durch Sport vermehrt werden. Während Sportarten mit ständig sich wiederholenden Bewegungsabläufen besonders den Dopaminspiegel erhöhen, profitiert der Serotoninspiegel von fast allen Formen von Bewegung. Auch positive, herzliche Rückmeldungen lassen den Serotoninspiegel ansteigen, ebenso wie ein erhöhtes Angebot an Wahlmöglichkeiten, die Gewährung von Eigenständigkeit und die Übernahme eigener Verantwortungsbereiche.

Manche tricky Kids stehen sehr unter Druck und haben einen vollen Terminplan. Sorgen Sie dafür, dass die Kinder wenigstens einmal in der Woche Zeit für sich haben, ohne Druck. Wenn man tun darf, was man will, und zwar so schnell oder langsam, wie man will, steigt der Serotoninspiegel.

Schlaf ist ein großer Serotoninbilder, zu viel Koffein und künstliche Süßstoffe hingegen sind Gift. Versuchen Sie, stressige Kids davon fernzuhalten.

Wenn es starke Hinweise auf Serotoninmangel gibt, könnte eine psychologische Untersuchung vorteilhaft sein.

## Mögliche Anzeichen für einen niedrigen Serotoninspiegel

- Das Kind ist mürrisch und unkommunikativ,
- es kommt morgens nur schwer in Gang,
- es ist schwer zufriedenzustellen,
- es reagiert kaum auf Lob,
- alles scheint nur anstrengend zu sein,
- das Kind ist traurig oder deprimiert,
- es braucht einen handfesten Grund, um irgendetwas zu tun (fragt: »Warum müssen wir denn unbedingt …?«),
- es meidet Blickkontakt,
- es würde sich am liebsten von allen Familienunternehmungen absondern.

| Erziehungsstrategien, die für einen höheren Dopaminspiegel sorgen | Erziehungsstrategien, die für einen niedrigeren Adrenalinspiegel sorgen |
|---|---|
| Unternehmen Sie gemeinsam etwas, das Spaß macht. Spielen Sie Spiele, die das Kind herausfordern. Konzentrieren Sie sich eher auf das, was Sie an Ihrem Kind mögen und lieben, als auf das, was Sie an ihm nicht mögen. Seien Sie humorvoll. Planen Sie positive Familienunternehmungen, auf die sich alle freuen können. Bringen Sie Ihr Kind in ein neues Umfeld oder verändern Sie das, was es tut. Lernen Sie gemeinsam etwas Neues. | Planen Sie jede Woche etwas Zeit für Organisationsfragen ein. Bauen Sie konsequent Erholungsmomente in den Alltag ein, das heißt, eine Zeit, in der nichts geplant ist und kein Druck für die Kinder besteht, irgendetwas zu tun. Wenn Sie herumdiskutieren, lassen Sie es. Lösen Sie das Problem später. |

| Erziehungsstrategien, die für einen höheren Serotoninspiegel sorgen | Erziehungsstrategien, die für einen niedrigeren Cortisolspiegel sorgen |
|---|---|
| Loben Sie Ihr Kind. Seien Sie liebevoll. Spendieren Sie Glücksmomente. Spielen Sie Gesellschaftsspiele, treiben Sie Sport. Meiden Sie Nahrungsmittel und Getränke mit künstlichen Süßstoffen. Feiern Sie das Leben und Ihre Familie. Machen Sie viel Aufhebens um positive Momente. Frühstücken Sie (wenn möglich, mit mehr Protein und weniger Kohlenhydraten). | Hören Sie mehr zu und reden Sie weniger (ja, Sie!). Hören Sie entspannende Musik. Sprechen Sie ganz ruhig und gelassen. Streichen Sie dem Kind das Koffein (und reduzieren es bei sich selbst). Trinken Sie mehr Wasser. Sorgen Sie für ausreichend Schlaf. |

### Zum Mitnehmen

- Die Neurochemie spielt eine wesentliche Rolle beim Umstellen von Verhaltensweisen.
- Adrenalin, Cortisol, Dopamin und Serotonin sind vier Neurotransmitter, die das Verhalten stressiger Kids stark beeinflussen.
- Eltern, die die neurochemischen Zeichen lesen können, haben gute Voraussetzungen, Verhalten zu ändern.

# 13 Acht wichtige Stimmungswandler

Jetzt, wo wir flüchtig Bekanntschaft mit Dopamin, Serotonin, Adrenalin und Cortisol geschlossen haben, wollen wir uns einmal ansehen, wie wir diese Stoffe einsetzen können, um stressigen Kids zu helfen, in bessere Stimmung zu kommen.

### Stimmungswandler 1: Schlaf

Tricky Kids brauchen viel Schlaf. Dann haben Sie als Eltern mehr Zeit für sich, die Kinder werden besser in der Schule, und es lässt sich leichter mit ihnen leben! Überzeugt? Ideal sind neuneinviertel Stunden Schlaf.

Studien zeigen, dass stressige Kids oft nicht genug Schlaf bekommen. Handys, Computer und Fernseher im Kinder- und Jugendzimmer sind Feinde des Schlafs. Halten Sie Schlafzimmer frei von all diesen Geräten.

Viele stressige Kids sind abends zu aufgedreht und kommen nur schwer zur Ruhe. Die Ausschüttung des Schlafhormons Melatonin wird gebremst, wenn man hellem Licht ausgesetzt ist. Es hilft also den Kindern, gut zu schlafen, wenn Sie abends die Beleuchtung etwas dimmen oder indirekte Lichtquellen einsetzen.

Die Schlafqualität vieler stressiger Kids ist ebenfalls ein Problem. Manche scheinen unbedingt so viele Decken aufstapeln zu wollen, dass sie fast kochen. Wenn die Kids eingeschlafen sind, schauen Sie deshalb lieber nach, ob ihnen auch nicht zu heiß oder zu kalt ist.

Schlaf ist auch für das Lernen wichtig. Während des Schlafs wird das am Tag erworbene Wissen im Gedächtnis verankert, vermutlich während der REM-Phase, der oberflächlichen Schlafphase mit deutlich sichtbaren Augenbewegungen unter den geschlossenen Lidern, in der wir träumen. In den normalen acht bis neun Stunden Schlaf gibt es fünf REM-Phasen. Wenn stressige Kids nun nur fünf oder sechs Stunden Schlaf bekommen, verlieren sie mindestens zwei REM-Phasen, und damit hat das Gehirn weniger Zeit, das Gelernte zu vertiefen und Informationen langfristig im Gedächtnis zu speichern.

Wie viel Schlaf wir bekommen, hängt davon ab, wie viel Serotonin wir haben und wie empfindsam wir auf Stress reagieren. Wenn man nicht genug Schlaf bekommt, kann es nützlich sein, tagsüber ein Nickerchen einzulegen. Das kann ebenso effektiv das Lernen und das Gedächtnis fördern wie ausreichend Nachtschlaf. Schon 60 Minuten reichen, wenn man in der Zeit träumt. Ein Mittagsschlaf hat ebenso positive Auswirkungen auf das Lernen wie ein frühes Zubettgehen.

### Einige Tipps für gesunden Schlaf

- Kein Koffein nach 16 Uhr (auch keine Softdrinks oder Energy-Drinks mit viel Koffein!).
- Kein intensiver Sport in den zwei Stunden vor dem Schlafengehen.
- Wenn Kids abends sagen, dass sie müde sind, ist es gut, sie gleich ins Bett zu schicken. Denn die nächste Schlafwelle kommt erst 90 Minuten später.
- Verbannen Sie Fernseher, Handys und Computer aus Schlafzimmern.
- Vergessen Sie nicht: So etwas wie eine Schlafbank gibt es nicht. Nur weil das Kind gestern Nacht zehn Stunden geschlafen hat, kommt es heute nicht mit sechs Stunden Schlaf aus.
- Überprüfen Sie, ob die schlafenden Kids auch nicht überhitzt sind.
- Machen Sie sich keinen allzu großen Druck, wenn die Kinder nicht einschlafen können. Es wirkt schon erholsam, nur ruhig im abgedunkelten Zimmer im Bett zu liegen.

*Den Tiefpunkt kennen*
Die Zeit, in der man am wenigsten gut lernt, überschneidet sich mit der Zeit, in der man gut einen Mittagsschlaf gebrauchen könnte. Um den Leistungstiefpunkt in der Mittagszeit zu bestimmen, nehmen Sie die zeitliche Mitte Ihres Nachtschlafs und gehen Sie zwölf Stunden nach vorn. Wenn Sie von 22 bis 7 Uhr schlafen, liegt die Mitte bei 2.30 Uhr, was bedeutet, dass Sie Ihren Tagestiefpunkt sehr wahrscheinlich um etwa 14.30 Uhr haben. Untersuchungen in Schulen haben ergeben, dass das Leistungstief in der späten Kindheit und in der Pubertät meistens bei 14.30 Uhr liegt.

Es ist außerordentlich praktisch, den Leistungstiefpunkt Ihres Kindes zu kennen. Es hat wenig Sinn, ein Kind, das gerade seinen Tiefpunkt hat, zu fragen: »Hast du heute Hausaufgaben auf?« Ebenso nützlich ist es, zu wissen, wann das eigene Leistungstief in der Mittagszeit ist. Gerade dann ein heikles Problem anzusprechen ist reine Zeitverschwendung. Es ist besser, dann einen Spaziergang zu machen oder etwas anderes zu tun.

Auch für die Eltern stressiger Kids ist es wichtig, ausreichend Schlaf zu bekommen. Tricky Kids leben oft ein Leben auf der Überholspur, wachen schon aufgedreht und tatendurstig auf und bleiben es bis spät abends. Selbst im besten Fall leiden Eltern häufig unter Schlafmangel. Unausgeschlafen sind wir alle anfälliger gegenüber Stress, regen uns leichter auf und sind reizbarer. Arbeiten Sie eine Strategie aus, die es Ihnen ermöglicht, so viel Schlaf zu bekommen, wie Sie brauchen.

## Stimmungswandler 2: Beleuchtung

Wie schon erwähnt, können Leuchtstofflampen stressige Kids aufgedreht machen. Natürliches Licht ist am besten. Lassen Sie stressige Kids nicht unter Leuchtstoffröhren lernen. Eine Studie hat ergeben, dass Schüler in Klassenräumen, die mit Vollspektrumröhren statt mit Leuchtstoffröhren ausgestattet waren, weniger Fehlzeiten hatten. Neonlicht erhöht den Cortisolspiegel im Blut und kann das Immunsystem hemmen.

Auch wichtig für die Stimmung ist, dass man ausreichend an die frische Luft kommt. Die meisten Winterdepressionen und viele Winterkrankheiten entstehen, weil die Leute nicht genug draußen sind. Bewegung an der frischen Luft hilft stressigen Kids zudem, einen Teil ihrer überschüssigen Energie zu verbrennen.

Natürliches Sonnenlicht hat an bewölkten Tagen 2000 Lux, an sonnigen Tagen 100 000 Lux. Lux ist die Maßeinheit für die Beleuchtungsstärke. Wenn Sie sich meistens in Innenräumen aufhalten, bekommen Sie nur etwa 100 Lux. Manche stressige Kids werden reizbar und gedrückter Stimmung, wenn sie nicht genug dem Sonnenlicht ausgesetzt werden. Eine 150- oder 200-Watt-Birne ergibt 2500 Lux, und es gibt Hinweise darauf, dass es die Stimmung verbessert, tagsüber helles Licht in Innenräumen zu haben. Natürlich ist es noch viel besser, öfter nach draußen zu gehen.

Ein leichtes Dimmen der Beleuchtung ein paar Stunden vor dem Schlafengehen erleichtert es allen, die Nacht durchzuschlafen, was die Stressanfälligkeit reduziert und einen weniger reizbar macht.

## Stimmungswandler 3: Ernährung

Essen ist eine starke Droge. Das wissen Sie – deswegen gehen wir ja so gerne in ein schickes Restaurant, schlemmen und trinken gute Weine.

Mit am schnellsten ändert man die Stimmung eines Menschen, wenn man ihm etwas zu essen und zu trinken gibt. Schon ein Glas Wasser senkt den Cortisolgehalt im Blut. Wenn es sonst nichts gibt, was Sie mit Ihrem gestressten Kind tun können, bieten Sie ihm ein Glas Wasser an. Wenn es ablehnt, trinken Sie es selbst. Sie werden es brauchen.

In ihrem faszinierenden Buch »The Mood Cure« beschreibt Julia Ross, wie wichtig es ist, zum Frühstück mehr Eiweiß und weniger Kohlenhydrate zu sich zu nehmen. Das erhöht die Konzentration und fördert das Gedächtnis. Eine Ernährung, die reich an der essentiellen Aminosäure L-Trypthophan ist, beugt Depressionen vor. L-Trypthophan ist in vielen Lebensmitteln enthalten, wie zum Beispiel in Putenfleisch, magerem Rindfleisch und Mandeln. Diese Lebensmittel erhöhen den L-Trypthophangehalt im Blut, und aus dieser Aminosäure baut der Körper das Serotonin auf. Bei den meisten tricky Kids wirkt eine darauf ausgerichtete Ernährung als natürliches Antidepressivum.

Besonders wirkungsvoll ist das, wenn Sie den Kindern gleichzeitig weniger Getränke und Lebensmittel geben, die Koffein und künstliche Süßstoffe enthalten.

### Stimmungswandler 4: Bewegung

Je länger ich mit stressigen Kids arbeite, desto überzeugter werde ich, dass der Körper ein Gedächtnis hat. Offenbar tragen bestimmte Körperhaltungen, Stellungen oder Positionen bestimmte Erinnerungen in sich. Eine zusammengesunkene Haltung lässt leichter Erinnerungen an Müdigkeit oder Traurigkeit aufsteigen, während durch Grimassenschneiden Wut oder Angst wieder hochkommen.

Wenn Sie die Stimmung eines Kindes verändern wollen, ist es gut, es von der Stelle zu bewegen – nicht durch Schieben oder Schubsen, sondern indem Sie etwa sagen: »Wie ich sehe, regt irgendwas dich auf. Ich muss in die Küche – komm doch mit und erzähl mir, was los ist.« Indem Sie das Kind äußerlich in Bewegung setzen und die Körperhaltung ändern, verändern Sie das damit verbundene Stimmungsmuster.

Viele stressige Kids sind ziemlich aktiv und wenig interessiert an tiefgründigen Gesprächen darüber, wie sie irgendetwas empfinden. Durch einen gemeinsamen Spaziergang, bei dem Sie sich anhören, wie das Kind die Sache sieht, wird zwar das Problem nicht gelöst, aber lösbarer gemacht.

## Stimmungswandler 5: Musik

Millionen von Jugendlichen irren sich nicht. Musik kann die Stimmung und die Denkfähigkeit beeinflussen.

Musik erreicht das ganze Gehirn – sie beeinflusst die Gefühle, das Lernen und die analytischen Fähigkeiten. In einigen Studien wurde ein Zusammenhang zwischen der Musik von Mozart und einem erhöhtem Intelligenzniveau festgestellt: Schüler, die sich zehn Minuten lang Mozarts Sonate für zwei Klaviere in D-Dur anhörten, erzielten bessere Testergebnisse in abstraktem Denken und räumlichem Vorstellungsvermögen. Auch Musik von Johann Pachelbel (und Barockmusik allgemein) soll zu Entspannung und erhöhter Leistung führen. Vierjährige, denen jeden Tag eine Stunde lang klassische Musik vorgespielt wurde, waren länger im Alpha-Stadium – das heißt, ruhig, entspannt und hellwach.

Auch das Erlernen eines Instruments hat positive Auswirkungen. Klavierspielen beispielsweise fördert das räumliche Vorstellungsvermögen und die Fähigkeit zum Vorausdenken. Kinder, die eine musikalische Erziehung genießen, können besser zuhören und haben ein besseres Gedächtnis.

Versuchen Sie, Ihr Kind ein Instrument lernen zu lassen, das ihm liegt. Klarinette, Klavier und Gitarre beispielsweise erfordern feinmotorische Fertigkeiten, Trompete, Trommeln und Schlagzeug eher grobmotorische. Ein Instrument zu spielen kann eine wunderbare Art sein, die Gefühle auszudrücken, die tricky Kids manchmal so schwer in Worte fassen können. Zudem können bei manchen Instrumenten die sich ständig wiederholenden Bewegungsabläufe den Dopaminspiegel erhöhen.

Sorgen Sie dafür, dass bei Ihnen zu Hause Musik zu hören ist – beim Frühstück oder wenn Ihre stressigen Kids von der Schule nach Hause kommen, als Hinweis darauf, dass sie jetzt woanders sind (das heißt, nicht mehr in der Schule). Das kann dazu beitragen, ihre Stimmung zu verbessern.

## Stimmungswandler 6: Fernsehen und DVDs/Videos

Fernsehen verändert die Stimmung. Jeder, der es sich dann und wann vor dem Fernseher bequem macht und sich zudröhnen lässt, weiß das.

Kinder von der 5. bis 9. Klasse verbringen oft unglaublich viel Zeit vor dem Bildschirm. 22 Prozent sehen mehr als drei Stunden am Tag fern, und 14 Prozent spielen zudem mehr als drei Stunden Computerspiele.

Was das Fernsehen den Kindern als Vorbild anbietet, ist ein impulsives Verhalten, bei dem jede Regung ungefiltert rausgelassen wird.

Der Zusammenhang zwischen Fernsehkonsum und Schulleistungen ist durchaus differenziert zu betrachten, wie eine israelische Studie ergab, bei der über 1 000 000 Schüler befragt wurden. Ein geringes Maß an Fernsehkonsum (bis zu 1,4 Stunden pro Tag bzw. 10 Stunden pro Woche) hat einen positiven Einfluss auf die Schulnoten; alles darüber wirkt sich negativ aus, insbesondere für Schüler zwischen zehn und 17 Jahren.

Wie viel Fernsehen gut für ein Kind ist, hängt von seinem Alter ab. Immer mehr Forschungsergebnisse zeigen, dass es die Konzentrationfähigkeit beeinträchtigt, wenn Kinder unter zwei Jahren vor den Fernseher gesetzt werden. Neunjährige können bis zu zwei Stunden am Tag fernsehen, 13-Jährige anderthalb Stunden; 17-Jährige sollten im Idealfall nur eine halbe Stunde pro Tag fernsehen.

## Stimmungswandler 7: Computerspiele

Jeder, der einmal beobachtet hat, wie ein reizbares, unkonzentriertes, unmotiviertes Kind ein Computerspiel einschaltete und sofort konzentriert, hellwach und zielorientiert wurde, weiß, dass die stimmungswandelnde Macht dieser Spiele unglaublich ist.

Ich nenne die Kids von heute gern die »Click and Go«-Generation – geboren mit einer Maus in der Hand und herangewachsen in der Erwartung sofortiger Befriedigung, wollen sie ständig unterhalten werden. Video- und Computerspiele beeinflussen ihr Leben stark. Diese Spiele haben positive und negative Auswirkungen. Zu den positiven Auswirkungen zählen eine Verbesserung der Koordination zwischen Augen und Händen sowie die Entwicklung von Problemlösefähigkeiten. Die Spiele können auch eine Form sozialer Verbindung bedeuten.

Besonders Jungen nutzen Videospiele auf gesellige Weise, indem sie Online-Spiele mit bekannten oder unbekannten Mitspielern (sogenannte LAN-Parties) organisieren oder sich einfach gegenseitig zuschauen und über Strategien diskutieren. Oft lesen Jungen Bücher, die ihnen verraten, wie man durch Mogeln ein Spiel am besten meistert. Gamen ist nicht immer nur passiv.

Solche Spiele können auch ein Gefühl von Meisterschaft, Herausforderung und Beteiligtsein vermitteln. Kinder können abenteuerlustige Helden sein, Schlachten gewinnen, Städte erbauen und Herausforderer besiegen, und das alles in der Sicherheit des eigenen Zimmers.

Videospiele sind beliebt, weil sie drei der größten Sehnsüchte der Kindheit erfüllen:

1. Abenteuer zu bestehen wie ein Erwachsener, und zwar mit minimaler Beteiligung von Erwachsenen,
2. die Möglichkeit, sich selbst zu erproben, und
3. das Gefühl, unter Gleichgesinnten zu sein, die diese Spiele sammeln.

Exzessives Computer- oder Videospiel kann negative Folgen haben. Die Spiele können so faszinierend sein, dass sie süchtig machen. Ich hatte schon einige Kids bei mir in Therapie, bei denen ein Entzug des Computers zu einer Trauerreaktion führte, die vergleichbar mit dem Verlust eines Familienmitgliedes war!

Zudem scheinen die Fähigkeiten, die man bei diesen Spielen erwirbt, nicht ohne weiteres auf andere Lebensbereiche übertragbar zu sein. Die Spiele schaffen es so gut, Anforderungen zu stellen und Belohnungen zu verteilen, dass es die Fähigkeit der jungen Leute zu beeinträchtigen scheint, das selbst zu tun. Sehr wenige der Spiele erfordern kreatives Problemlösen oder bieten eine Gelegenheit, aktiv eine Geschichte mitzugestalten.

Die Illusion kann sehr stark sein. Als ich einen Zehnjährigen, der bei mir in Therapie war, fragte, was für Sport er denn so mache, antwortete er: »Quidditch!« Gefragt, wie er denn diesen Sport betreibe, schaute er mich mitleidsvoll an und meinte: »Auf dem Computer natürlich.«

Kinder mit niedrigem Selbstwertgefühl oder psychologischen Anfälligkeiten können Trost im Computerspiel suchen. Wenn man vernachlässigt, ängstlich oder deprimiert ist, ist das Angebot, Städte zu erbauen, Kriege zu gewinnen oder Weltmeister zu werden, ziemlich unwiderstehlich. Erlebt man sich selbst als machtlos und bekommt dann durch Gewalt-Computerspiele auch nur die Ahnung eines Machtgefühls, wird man sehr wahrscheinlich die Nützlichkeit von Gewalt zur Lösung von Problemen überbewerten. Wenn man über längere Zeit hinweg Gewalt-Computerspiele nutzt und wenig andere soziale Interaktionen hat, die einem ein Gefühl von Meisterschaft verleihen, ist das eine giftige Mischung, die bei vielen Kindern auf irgendeiner Ebene zu gewalttätigen Handlungen führt.

Eltern haben die Aufgabe, ihre Kinder zu erziehen, und das heißt auch, sie haben die Aufgabe, ihren Kindern eine Vielzahl von Hobbys anzubieten. Der Computer kann eine von mehreren Freizeitbeschäftigungen sein, aber bestimmt nicht die hauptsächliche.

Es gibt noch keine Forschungsergebnisse darüber, wie lange Kinder im Idealfall vor dem PC sitzen sollten. Stressige Kids fühlen sich oft von Computerspielen, die ihnen ein gewisses Maß visueller Aufregung bieten, angezogen.

Einer der härtesten Übergänge für ein Kind ist der vom Computer zu fast jeder anderen Beschäftigung. Deshalb sagen Eltern oft, dass sie gute Erfahrungen damit gemacht haben, die am Computer verbrachte Zeit zu beschränken, und zwar auf die Zeit direkt vor einer Mahlzeit. Das Essen, das auf dem Tisch steht, und der Hunger sind wahrscheinlich der beste Anreiz, ein Computerspiel zu beenden. Erlauben Sie einem stressigen Kind *niemals*, vor dem Computer zu essen. Ansonsten werden Sie es vielleicht nie wieder an den Esstisch bekommen.

## Stimmungswandler 8: Sie!

Die Erziehung stressiger Kids kann auch die stärksten Eltern zermürben. Da jedermann gern bereit ist, eigene hausgemachte Ratschläge beizusteuern, kann es leicht passieren, dass Eltern sich vorkommen wie die Lieblings-Prügelknaben der Nation.

Das Erste, was Sie tun sollten, ist: Befreien Sie sich von Schuldgefühlen!

Viele Eltern haben heutzutage ein schlechtes Gewissen. Kein Vater, keine Mutter kann genug für die Kinder da sein, ihnen genug geben, klug und liebevoll genug sein, streng und sanft genug. Ich erinnere mich, einmal habe ich eine Mutter, die sich schuldig fühlte, gebeten, mir aufzuzählen, welche Eigenschaften eine perfekte Mutter denn haben solle. Sie bekam eine beeindruckende Liste zusammen, und ich fragte sie, welche Auswirkungen es wohl hätte, wenn sie das alles in die Tat umsetzen würde. Sie lachte und sagte: »Die Familie wäre finanziell ruiniert und ich ein neurotisches Wrack. Sie haben recht, es ist unmöglich.«

Das Zweite, was Sie tun sollten, ist:

Nutzen Sie die Informationen in diesem Kapitel, um das Klima in Ihrer Familie zu verändern. Führen Sie durch Ihr Beispiel: Schlafen Sie gut, essen Sie gut, leben Sie gut. Sie haben es verdient. Aber nicht nur das: Solange Sie das nicht tun, wird Ihr stressiges Kind Ihre Absicht, das Familienleben zu verbessern, kaum ernstnehmen.

### Zum Mitnehmen:

- Die Stimmungen und Verhaltensweisen stressiger Kids werden nicht allein durch ihre Gedanken bestimmt.
- Viele andere Faktoren können helfen, sie zu Ausgeglichenheit zu bringen, unter anderem ausreichend Schlaf, die richtige Ernährung, Bewegung, Musik, begrenzter Zugang zum Computer und *Sie*.

# 14 Die gewohnte Reaktion lassen – Schritt 1

Manchmal, wenn die Verhaltensweisen innerhalb der Familie festgefahren sind, verfallen alle in Verzweiflung, Ärger und Schuldzuweisungen, was natürlich nur dazu dient, alles noch festgefahrener zu machen.

In jeder Familie gibt es Zeiten, in denen eine Neuerfindung und Erneuerung ansteht. Für Familien mit tricky Kids gilt das ganz besonders, denn diese Kinder können ganze Familien erschöpfen und in Groll und zunehmenden Verdruss treiben.

Der Professor in der beliebten Fernsehserie »Gilligans Island« war ein brillanter Mann, fähig, nach dem Schiffbruch Kokosnusskompasse und windbetriebene Stromgeneratoren zu erfinden, ganz zu schweigen von tausend anderen spleenigen Dingen. Aber irgendwie kam er nie dazu, das Loch im Schiffsrumpf zu reparieren oder ein neues Schiff zu bauen.

Bei der Erziehung stressiger Kids geht es uns manchmal wie diesem Professor. Im Folgenden werden wir uns aber nicht mit Stück- und Flickwerk befassen, sondern ich möchte kurz einen Stufenplan skizzieren, mit dem Sie Ihr Verhältnis zu Ihrem stressigen Kind völlig neu gestalten können.

In über 25 Jahren klinischer Praxis mit stressigen Kids und ihren Familien habe ich mich oft gefragt, warum es bei den meisten Änderungen ungefähr sechs Wochen dauert, bevor sie greifen. Ich glaube, es dauert einfach sechs Wochen, bis daraus eine neue Gewohnheit wird. Das habe ich in dem Stufenplan berücksichtigt.

## Der 5-Schritte-Stufenplan

Der folgende 5-Schritte-Stufenplan ist von Tausenden von Familien ausprobiert worden, und beide, Eltern und Kinder, berichten mir immer wieder, dass es jetzt besser läuft. Wie eben schon erwährt, dauert es im Allgemeinen etwa sechs Wochen, bevor der Prozess abgeschlossen ist.

Schritt 1: Die gewohnte Reaktion lassen
Schritt 2: Zugehörigkeitsgefühl aufbauen
Schritt 3: Eine Kultur des Miteinander schaffen
Schritt 4: Einen neuen Tanz beginnen
Schritt 5: Tanzen

Man könnte es wie das Neustimmen eines Instruments betrachten. Wenn die Beziehungen der Familienmitglieder untereinander angespannt und überstrapaziert sind, kann es sich lohnen, sich die Zeit zu nehmen, einmal etwas anderes zu versuchen.

In sechs Wochen wird es Höhen und Tiefen geben, erfolgreiche Momente und Augenblicke, in denen Sie sich die Haare raufen möchten. Ich kann sogar voraussagen, dass es am Anfang mehr Tiefen als Höhen geben wird. Stressige Kids sind meistens daran gewöhnt, ihren Willen zu bekommen, und sie werden ihre Vorteile nicht ohne Weiteres aufgeben.

Doch tricky Kids sind keine »schlechten« Kids. Es sind einfach Menschen, die eine für sie selbst erfolgreiche Art, mit der Welt umzugehen, gefunden haben und diese Strategie jetzt weiter einsetzen. Das Ziel dieses 5-Schritte-Stufenplans ist es, den Kindern die Gelegenheit zu geben, zu wachsen und ihre Definition, wer sie sind, zu erweitern – und den Eltern die Chance zu geben, ihre Seelenruhe und gesunde Verfassung wiederzufinden.

## Den Tanz ändern

Das Verhalten stressiger Kids läuft nach einem unglaublich festen Schema ab! Sie machen dieselbe blöde Sache auf dieselbe blöde Weise, und zwar immer wieder.

Die Intensität ihrer Wut, die Tiefe ihrer Feindseligkeit oder das Ausmaß ihres Frusts können beängstigend sein, aber die Schritte des Tanzes sind vorhersehbar. Die Kids haben einen ziemlich begrenzten Trott.

Das ist gut zu wissen, denn:

> *Wenn Sie einen der Tanzschritte ändern,
> ändern Sie den ganzen Tanz.*

Auf den ersten Blick erscheint das Verhalten stressiger Kids hochgradig sprunghaft und unberechenbar. Eltern kommentieren oft: »Er rastet einfach völlig aus, und man weiß nie so genau, warum eigentlich.« Aber wenn Sie sich mal zurücklehnen und das Verhalten genauer betrachten, wird sich ein Verhaltensmuster abzeichnen, und sobald Sie dieses erkannt haben, können Sie auswählen, wie Sie das Verhalten Ihres Kindes verändern, so dass es sich bessere Lebensgewohnheiten aneignen kann.

Deshalb haben Sie in Schritt 1 die einfache Aufgabe, einmal eine Pause einzulegen. In allen Situationen (außer in unmittelbar lebensbedrohlichen) ist es das Klügste, erst einmal nichts zu tun. Indem Sie aufhören, das zu tun, was Sie als Reaktion auf das Verhalten des Kindes sonst immer tun, haben Sie vielleicht schon 50 Prozent des Problems beseitigt – das, was Sie getan haben. Manchmal macht man alles nur schlimmer, wenn man pausenlos versucht, ein Problem zu beheben. Indem Sie sich zurücklehnen und einmal nicht eingreifen, haben Sie die Möglichkeit, die Sache mit ganz neuen Augen zu sehen und über alternative Reaktionen nachzudenken.

Seien Sie allerdings gewarnt: Wenn Eltern beschließen, nicht einzugreifen, kann das Problem vorübergehend eskalieren. Das liegt daran, dass das Kind so an ihre Reaktion gewöhnt ist, dass es sein Verhalten fortsetzt, bis die gewohnte Reaktion endlich kommt.

Ziehen Sie in der ersten Woche auch einmal los und gönnen Sie sich etwas Schönes. Holen Sie Schlaf nach. Die folgenden sechs Wochen werden Ihnen eine Menge abverlangen, und dazu müssen Sie frisch und bereit sein, es anzupacken. Während Sie die Pause machen, nehmen Sie sich die Checklisten am Ende der Kapitel 2–7 vor, und beobachten Sie genau die Verhaltensmuster Ihres Kindes.

Überlegen Sie, wie Sie das Klima bei Ihnen zu Hause ändern wollen. Wenn es Ihnen so geht wie den meisten Familien mit stressigen Kids, kann es ziemlich hektisch und chaotisch zugehen – Ihr Zuhause ist alles andere als die ruhige Oase, die Sie und Ihre Familie verdient haben.

Setzen Sie einige der in Kapitel 13 beschriebenen Stimmungswandler ein, um die Veränderung in Gang zu setzen. Stellen Sie die Ernährung Ihrer Familie um, sorgen Sie dafür, dass alle ausreichend Schlaf bekommen, ändern Sie die Beleuchtung, seien Sie aktiver, hören Sie regelmäßiger Musik. All das wird Ihrer Familie die Botschaft vermitteln: Irgendetwas ist im Busch.

*Eine Mutter schildert die Reaktion ihres Sohnes: »Als mein 16-Jähriger nach Hause kam, war gedämpfte Musik zu hören, die Lampen leuchteten, und ich lag auf dem Sofa und las eine Zeitschrift. Der Gegensatz zu dem üblichen Tumult bei uns hätte nicht größer sein können. Er fragte sofort: »Was ist los mit dir?« Ich stand auf, umarmte ihn und sagte: ›Schatz, du bist wieder da‹ und wanderte davon. In den nächsten Stunden schaute er immer wieder wachsam nach mir.«*

Wie alt Ihr Kind auch sein mag, Sie müssen sich in dieser Phase selbst verpflichten, ihm nicht zu sagen, was es tun soll, und es nicht anzuschreien. Wenn Sie Ihr Familienleben verändern wollen, müssen Sie selbst mit der Veränderung anfangen.

Es gibt einiges, was Eltern tun können, um die Neurochemie eines stressigen Kindes und dadurch seine Stimmung zu verbessern – siehe Kapitel 12. Ihr Ziel ist es, die wilde See zu beruhigen, nicht Öl ins Feuer der Schlacht zu gießen.

Denjenigen unter Ihnen, die sich durch ein stressiges Kind niedergemacht und gequält fühlen, wird das sicher unfair erscheinen – aber wenn es in der Familie eine Wendung zum Besseren geben soll, müssen zuerst die Eltern ihr Verhalten umstellen. Legen wir das als goldene Regel fest:

> *Familien verändern sich nur,
> wenn die Eltern ihr Verhalten ändern.*

Eltern stressiger Kids haben unendlich viel Übung darin, sich einzumischen. Das kann so zur Gewohnheit werden, dass es schwerfällt, damit aufzuhören. Schlimmer noch, die Kids selbst sind so gewöhnt daran, gesagt zu bekommen, was richtig ist und was sie tun sollen und sich dagegen aufzulehnen, dass sie auch nicht wissen, was sie tun sollen, wenn ihre Eltern damit aufhören. Das soll nicht heißen, dass das, was Sie sonst zu Ihrem Kind sagen, schlecht oder falsch wäre – es ist nur so, dass allein Ihr Vorgaben machen und Ihr Erinnern genau das Verhalten verfestigt, das Sie verändern wollen.

Erwarten Sie während dieses ersten Schritts nicht zu viel von Ihrem stressigen Kind. Regen Sie sich nicht auf. Erinnern Sie sich an Ihr früheres ruhiges, sorgenfreies Selbst. Das Ziel des ersten Schritts ist es, eine Veränderung des Familienklimas einzuleiten.

Wenn die üblichen Aufgaben im Haushalt nicht erledigt werden, tun Sie es still und leise selbst, vorzugsweise dann, wenn Ihr Kind nicht zu Hause ist. Denken Sie daran, Ihr Ziel ist es, die Verhaltensmuster einer ganzen Familie zu verändern – und das ist wichtiger, als dass das Kind daran denkt, die Goldfische zu füttern.

Wenn Sie das Gefühl haben, die Situation sei lebensbedrohlich oder zu ernst, um eine Pause einzulegen, holen Sie sich professionelle Hilfe, entweder für das Kind oder – wenn es das ablehnt – für sich selbst. Das Leben ist zu kurz und zu kostbar, um es in einem Zustand von Panik zu verbringen.

### Zum Mitnehmen

- Ändern Sie sich selbst, und Sie werden ein gutes Stück dazu getan haben, das Verhalten Ihres stressigen Kindes zu verändern.
- Hören Sie auf, ihm zu sagen, was es tun soll, und schreien Sie es nicht an.
- Seien Sie nachsichtig mit sich selbst und ruhen Sie sich aus.
- Denken Sie kreativ über die Veränderungen nach, die Sie bewirken wollen.

# 15 Zugehörigkeitsgefühl aufbauen – Schritt 2

In Schritt 2 gelangen Sie weiter in die Untätigkeit. Greifen Sie weiterhin nicht ein. Und während Sie die Zeit verbummeln, denken Sie an das, was wir in Kapitel 1 gesagt haben: *Die Beziehung zu Ihnen ist der wichtigste Faktor für den Weg Ihres Kindes in ein glückliches Leben. Ein positives, starkes Band zu den Eltern hat oberste Priorität.*

Alles, was Sie in Schritt 2 tun müssen, ist, ein Gefühl von Zugehörigkeit zu schaffen. Zugehörigkeit ist ein elementarer Bestandteil von Widerstandskraft. Es ist das stärkste Gegenmittel gegen Selbstmord, Gewalt und Drogenmissbrauch, das wir kennen. Stressige Kids brauchen jede Menge Kraft zum Weitermachen, und die stärkste Dosis Resilienz bekommen sie von den Eltern.

Zugehörigkeit ist ein Heilmittel für die Ängste der Kindheit – Zurückweisung, Isolation und Verlassenwerden. Stressige Kids fürchten das alles noch mehr als andere Kinder.

Wenn es in der Familie Turbulenzen gab, leidet oft das Zugehörigkeitsgefühl. In Schritt 2 überlegen wir uns, wie wir es wieder aufbauen können. Dazu braucht es:

1. eine Strategie, wie Sie Zugehörigkeit schaffen,
2. den Aufbau einer Kultur des Miteinander und
3. Klarheit darüber, was Sie wollen.

## Zughörigkeit schaffen

Auf den nächsten Seiten finden Sie eine kurze Zusammenstellung darüber, welche Auswirkungen es auf die verschiedenen Typen stressiger Kids hat, ob sie sich als sozial eingebunden erleben oder nicht. Überlegen Sie, ob vielleicht bestimmte Themen für Sie oder Ihr Kind besonders wichtig sind – das könnte Sie dabei leiten, sich klare Ziele zu setzen.

| Zugehörigkeit und die Merkmale der tricky Kids |
|---|
| **Gesundes Gefühl von Zugehörigkeit** |
| *Ränkeschmiede*<br>**Selbst** – kann Dinge direkt ansprechen und muss seine Schwächen nicht verbergen.<br>**Familie** – darf ein Kind sein, kein Mini-Vater und keine Mini-Mutter; muss nicht die ganze Zeit Eindruck schinden.<br>**Schule** – kann sich offen beschweren, wenn es etwas unfair findet, muss nicht hintenherum vorgehen.<br>**Freunde** – hat ein paar enge Freunde gleichen Alters.<br>**Gemeinschaftswerte** – will Erfolg haben, darf aber auch Fehler machen. |
| *Wortverdreher*<br>**Selbst** – ist energisch und konzentriert sich darauf, positive Ziele zu erreichen.<br>**Familie** – ist ein Unterhalter, der weiß, wann Schluss ist. Ist fähig, echte Liebe auszudrücken und zu empfangen.<br>**Schule** – findet positive Ventile für seine Fähigkeiten.<br>**Freunde** – hat ganz unterschiedliche Freunde, steckt nicht nur mit Kindern mit ähnlichen Neigungen zusammen.<br>**Gemeinschaftswerte** – ist ein Schlitzohr. |
| *Diskutierer*<br>**Selbst** – ist fähig, seine eigenen Bedürfnisse zu befriedigen.<br>**Familie** – fühlt sich geliebt und gewollt, hat das Gefühl, dass man ihm zuhört.<br>**Schule** – ist fähig, auch die Bedürfnisse anderer zu bedenken und wenigstens einige Entscheidungen der Lehrer ohne größere Diskussionen hinzunehmen.<br>**Freunde** – kann manchmal auch eine Nebenrolle spielen, ohne sich schlecht behandelt zu fühlen.<br>**Gemeinschaftswerte** – diskutiert und debattiert. |

*Besser-sein-Woller*
**Selbst** – ist selbstsicher, kann aber Verluste und Fehler hinnehmen.
**Familie** – ist fähig, andere um Hilfe zu bitten, und ist seinerseits bereit, anderen zu helfen.
**Schule** – ist erfolgreich, aber nicht herrschsüchtig.
**Freunde** – hat ein paar stabile Freundschaften.
**Gemeinschaftswerte** – will Erfolg haben, gesteht sich aber auch Fehler zu, findet sich dann und wann mit dem Verlieren ab, probiert neue Dinge aus.

*Draufgänger*
**Selbst** – achtet auf die eigene Sicherheit, kann vorausplanen und Gefahren und Risiken einschätzen.
**Familie** – lässt andere wissen, was geplant ist.
**Schule** – ist in der Lage, sich auf Herausforderungen zu konzentrieren.
**Freunde** – hat unterschiedliche Freunde, von Nervenkitzel-Suchern bis zu ruhigeren Kids.
**Gemeinschaftswerte** – sucht Nervenkitzel, plant ein aufregendes Leben voller Abenteuer.

*Passive Widerständler*
**Selbst** – teilt sich offen mit.
**Familie** – hat Vertrauen und spricht zumindest über einige Probleme.
**Schule** – hat eine vertrauensvolle, offene Beziehung zu mindestens einem Lehrer.
**Freunde** – hat ein paar positive Vertraute.
**Gemeinschaftswerte** – ist gern allein, kommt aber auch aus seinem Schneckenhaus heraus.

**Verzerrtes Zugehörigkeitsgefühl**

*Ränkeschmiede*
**Selbst** – muss imponieren und Dinge vortäuschen.
**Familie** – verhält sich wie ein Mini-Erwachsener.
**Schule** – versucht, andere zu manipulieren, gegeneinander auszuspielen oder anzuschwärzen.
**Freunde** – hat im Allgemeinen nur kurzlebige Freundschaften.
**Gemeinschaftswerte** – sucht die Anerkennung Erwachsener bis zu einem Grade, dass eine Entfremdung von Gleichaltrigen eintreten kann; denkt, dass der Zweck die Mittel heiligt.

*Wortverdreher*
**Selbst** – ist rücksichtslos, zeigt weder Rücksichtnahme noch Mitleid.
**Familie** – tut Aufforderungen und Regeln ab.
**Schule** – kommt zu dem Schluss, dass er nicht gut in der Schule ist, und gibt auf; erzielt »Erfolge«, indem er zum Klassenclown wird.
**Freunde** – nutzt Zuneigung aus, um an Boden zu gewinnen; setzt emotionale Erpressung ein.
**Gemeinschaftswerte** – traut niemandem.

*Diskutierer*
**Selbst** – kann Zuwendung nicht annehmen, nimmt alles lange, lange Zeit übel.
**Familie** – die Beziehung zu den Geschwistern ist schlecht.
**Schule** – zermürbt die Lehrer durch endlose Diskussionen.
**Freunde** – hat außer ein paar Mitstreitern sehr wenig wahre Freunde.
**Gemeinschaftswerte** – sinnt auf Rache.

*Besser-sein-Woller*
**Selbst** – ist einsam und isoliert.
**Familie** – ist oft in seinem Zimmer, nimmt nicht an gemeinsamen Familienunternehmungen teil.
**Schule** – zeigt eine »Ich-will-um-jeden-Preis-gewinnen«-Haltung.
**Freunde** – prahlt, wetteifert und ist schadenfroh; gewinnt nicht mit Anstand.
**Gemeinschaftswerte** – beschränkt sich auf Aktivitäten, in denen er eindeutig gut ist.

*Draufgänger*
**Selbst** – es mangelt ihm an Selbsterhaltungsgefühl und Sorge für die Sicherheit anderer.
**Familie** – findet es schwer, Zuwendung und Liebe anzunehmen.
**Schule** – es fällt ihm schwer, sich in der Klasse zurechtzufinden und sich zu konzentrieren.
**Freunde** – verkehrt ausschließlich mit anderen Kids mit geringer Impulskontrolle.
**Gemeinschaftswerte** – wird von Impulsen gesteuert.

*Passive Widerständler*
**Selbst** – ist isoliert und schwer zu durchschauen.
**Familie** – nimmt kaum am Familienleben teil, vertraut sich niemandem an.
**Schule** – verliert oft seine Jacke oder andere Sachen, hat keine engeren Kontakte.
**Freunde** – hat entweder keine engen Freunde oder ein paar Ungesellige, die sich vom Rest der Peer-Group absondern.
**Gemeinschaftswerte** – zieht sich zurück.

Es wird einige Zeit dauern, das Zugehörigkeitsgefühl eines stressigen Kindes zu verändern. Überlegen Sie als Erstes, wie Sie Ihr Verhältnis zu Ihrem Kind verbessern könnten. Ein Vater beschloss etwa, jeden Tag eine halbe Stunde mit seinem Sohn am Computer zu spielen.

Es gibt eine alte Redewendung: Wenn man weiter das tut, was man immer getan hat, darf man keine anderen Resultate erwarten.

Wenn Sie eine außergewöhnliche Familie haben wollen, sollten Sie zunächst etwas Außergewöhnliches tun, um ein gutes Verhältnis zu Ihrem stressigen Kind aufzubauen. Überlegen Sie sich, was Ihr Kind wohl gerne mit Ihnen unternehmen würde, und tun Sie es. Es sollte etwas Außergewöhnliches sein. Setzen Sie mindestens 20 Minuten reiner »Du«-Zeit ohne Anforderungen an, und unternehmen Sie gemeinsam etwas, was Spaß macht. Die Kinder sollten die Führung übernehmen und es genießen, Sie mal ganz für sich zu haben.

**Vorschläge für gemeinsame Aktivitäten:**

- gemeinsam kochen
- lassen Sie sich ein Computerspiel beibringen
- ein Instrument erlernen
- Sport treiben
- beim Sport zuschauen
- einen Zirkuskurs belegen
- zusammen eine Fernsehsendung anschauen
- Spazierengehen
- Karten, Schach, Domino oder Backgammon spielen
- ein Haustier versorgen
- Zelten
- etwas sammeln

### Zum Mitnehmen

- Zugehörigkeit ist ein Eckstein von Resilienz und das stärkste Gegenmittel gegen Selbstschädigungen, Gewalt und Drogenmissbrauch.
- Überlegen Sie, inwiefern Ihr Kind ein verzerrtes Zugehörigkeitsgefühl zeigt.
- Suchen Sie nach Gelegenheiten, sein Zugehörigkeitsgefühl zu stärken. Das wird einige Zeit dauern, aber es ist die Grundlage für ein verbessertes Familienklima.

# 16 Eine Kultur des Miteinander schaffen – Schritt 3

Eltern stressiger Kids berichten oft, dass es Zeiten gibt, in denen sie das Gefühl haben, dass die Familie auf dem niedrigsten gemeinsamen Nenner operiert. Die Erwartungen sind auf einen Tiefpunkt gesunken. Jede Hoffnung auf ein angenehmes, kooperatives Familienleben hat sich verflüchtigt, ist ausgelöscht durch Konflikte, Auseinandersetzungen und Feindseligkeit. Das kommt in allen Familien von Zeit zu Zeit vor.

## Um Mitwirkung bitten

Eine Kultur des Miteinanders aufzubauen bedeutet, Ihre eigenen Erwartungen hinsichtlich dessen, was in Ihrer Familie möglich ist, zu heben. Das Erste, was Sie tun sollten, ist, häufiger um Unterstützung zu bitten. Man kann nicht lernen, kooperativ zu sein, wenn man keine Gelegenheit bekommt, sich hilfreich zu zeigen.

In den meisten Familien mit stressigen Kids haben die Eltern es aufgegeben, um Unterstützung zu bitten. Das ist verständlich: Das wahrscheinliche Resultat scheint die Mühe nicht wert. Das Problem ist nur, dadurch entsteht eine Familienatmosphäre, die von Aufopferung anstelle von Hilfsbereitschaft geprägt ist. Durch Bitten um Unterstützung entsteht Miteinander. Stressige Kids werden oft gar nicht gefragt, ob sie helfen würden. Ihre Eltern und Lehrer haben schon aufgegeben.

Die Bitten sollten höflich formuliert sein und können groß oder klein sein, zum Beispiel: »Sally, würdest du mir bitte mal das Salz reichen?« oder »Jack, könntest du mal eben zum Laden gehen und Butter besorgen?«

Nicht jede dieser Bitten wird von dem stressigen Kid mit einem begeisterten »Ja, natürlich, klar, mach ich sofort« beantwortet werden. Das ist in Ordnung.

Die Straße, die wir ganz allmählich beschreiten wollen, ist keine Einbahnstraße: Sprechen Sie nicht nur häufiger Bitten aus, sondern versuchen Sie auch, öfter »Ja« zu sagen.

Wenn Sie als Antwort auf eine Bitte eine glatte Ablehnung ernten, reagieren Sie nicht negativ. Lächeln Sie freundlich, murmeln etwa: »Tja, danke, dass du es dir überlegt hast«, und entfernen Sie sich. Bleiben Sie nicht in der Nähe, und lassen Sie sich auf keinen Fall in eine Diskussion verwickeln. Mit Ihrer Bitte um Unterstützung wollten Sie schließlich eine positivere Atmosphäre in Ihrer Familie schaffen – eine Ablehnung ist kein Grund, in den Krieg zu ziehen!

### Zeigen Sie sich kooperativ

Eltern mit stressigen Kids sagen oft, dass Sie irgendwann an einen Punkt kommen, an dem sie zu fast allem »Nein« sagen, weil sie nicht wissen, was dabei herauskommen wird. Versuchen Sie einmal ein Experiment: vom Nein zum Ja.

Wenn Sie eine Kultur des Miteinander aufbauen wollen, müssen Sie ebenfalls kooperativ sein. Sagen Sie einmal einen ganzen Tag nur »Ja« zu Ihrem stressigen Kind. Was auch immer das Kind vorschlagen mag, Sie stimmen zu! Einfach, aber ziemlich beängstigend. Wenn Ihr Sohn sagt: »Ich will auf eine Party gehen«, erwidern Sie: »Klasse, ich hol nur schnell meine Jacke.« Wenn Ihre Tochter sagt: »Ich will nicht in die Schule«, erwidern Sie: »Wunderbar, was wollen wir zusammen unternehmen?« Wenn das Kind sagt: »Ich möchte nach Afrika fliegen«, erwidern Sie: »Großartige Idee, lass uns mal überlegen, wie wir das am besten anstellen.«

Kurz und gut, Sie erklären sich einverstanden, so gut wie alles zusammen mit dem Kind zu unternehmen. Am Ende des Tages wird es wahrscheinlich völlig entnervt sein, weil Sie allem zustimmen, und sie werden annehmen, Sie seien entweder auf Drogen oder hätten völlig den Verstand verloren. Aber es braucht diese Entschlossenheit, um eine Familie so zu verändern, dass es statt Zwang so etwas wie willige Zustimmung gibt.

Zweitens: Zeigen Sie selbst die Verhaltensweisen, von denen Sie bei Ihrem Kind mehr sehen wollen. Kinder tun, was sie andere Menschen vormachen sehen. Stressige Kids reagieren besonders empfindsam auf ihr Umfeld. Wenn Sie wollen, dass das Kind ruhig und gelassen ist, müssen Sie selbst ruhig und gelassen sein. Denken Sie an die im ersten Kapitel erwähnten Krokodilhirne!

Wenn Sie sich so verhalten, spielen Sie nicht mehr nach den Regeln Ihres Kindes. Das kann viele stressige Kids durcheinanderbringen. Die Kinder haben jahrelange Schlachterfahrung hinter sich. Sie wissen, was zu tun ist, wenn die Eltern wütend werden oder anfangen, sich zu rechtfertigen. Wenn das Kind anfängt, Tiraden loszulassen, zu argumentieren, zu diskutieren oder beleidigend zu werden, sagen Sie:»Ich gebe dir zwei Minuten, um zu sehen, ob du dich am Riemen reißen kannst. Wenn du nicht ruhig über die Sache sprechen kannst, gehe ich. Du kannst gern später zu mir kommen, wenn du dich beruhigt hast.« Schäumt das Kind immer noch vor Wut, verlassen Sie den Raum. Es ist nichts dadurch zu gewinnen, die Zähne zusammenzubeißen und sich schlechtes Benehmen gefallen zu lassen – aber viel zu verlieren.

Manche Familien finden es lohnend, ein Codewort oder eine Geste festzulegen, die anzeigt:»Lass uns zehn Minuten Pause einlegen.«

## Wie man mit den verschiedenen Typen stressiger Kids eine Kultur des Miteinander aufbaut

Wie meistens bei tricky Kids ist nicht alles für alle geeignet. Sie müssen den Stil Ihres Kindes berichtigen, um eine positive Familienkultur aufzubauen.

### Ränkeschmiede

Da Ränkeschmiede oft bestrebt sind, Erwachsene zu beeindrucken, ist eine oberflächliche Zusammenarbeit leicht zu erreichen. Mit echtem Miteinander kann es etwas länger dauern. Loben Sie das Kind für seine Hilfsbereitschaft, aber bleiben Sie auf der Hut. Sechs Wochen lang soll es keine Gelegenheit zu hinterhältigem Verhalten bekommen.

### Wortverdreher

Es kann schwer sein, Wortverdreher zum Miteinander zu ermutigen. Ihre »Was ist da für mich drin?«-Haltung könnte Sie zu dem in die Irre führenden Versuch bewegen, ein Entgegenkommen zu erzwingen. Widerstehen Sie dieser Versuchung. Sechs Wochen lang wollen Sie dem Kind zeigen, dass es besser ist, zusammenzuarbeiten, als immer alles auszuhandeln. Suchen Sie sich einen oder höchstens zwei Bereiche aus, in denen Sie Zusammenarbeit aufbauen. Sprechen Sie klare Bitten aus, steigern Sie allmählich Ihre Erwartungen und lassen Sie sich nicht beirren.

### Diskutierer

Ach, wie unfair doch alles ist! Diskutierer sind so daran gewöhnt, genauestens zu berechnen, wer wann was getan hat und wer den größten Anteil bekommen hat, dass wahres Miteinander wie eine Fremdsprache für sie ist. Erforderlich ist ein konzertiertes Bemühen Ihrerseits – seien Sie extrem hilfsbereit. Wenn Sie dem Kind eine Weile vorgelebt haben, wie man zusammenwirkt, können Sie (vorsichtig) anfangen, kleinere Bitten auszusprechen.

### Besser-sein-Woller

Miteinander ist Besser-sein-Wollern ein Gräuel. Es wird Ihnen zwar nicht gelingen, am Überlegenheitsstreben des Kindes etwas zu ändern, aber Sie können ihm zeigen, dass man auch durch Zusammenarbeit gewinnen kann. Bewegen Sie das Kind zu einem sozialen Engagement, bei dem es Anerkennung für seine guten Taten erhält. Und übertragen Sie ihm zu Hause die Verantwortung für kleinere Aufgaben, mit denen es anderen hilft.

### Draufgänger

Draufgänger sind nicht nur leichtsinnig, sondern häufig auch gutherzig. Oft sind sie am besten zu beteiligen, wenn die Bitte um Unterstützung eine gewisse Dringlichkeit hat. Das ist besonders dann der Fall, wenn eine Herausforderung damit verbunden ist. Zum Beispiel: »Ich wollte gerade das Essen auftragen. Würde es dir was ausmachen, noch schnell vor dem Essen die Goldfische zu füttern?«

**Passive Widerständler**
Mit Zusammenarbeit geht soziale Interaktion einher – etwas, was passive Widerständler gern vermeiden wollen. Ein guter Anfang wäre es, sie zu bitten, für kleinere Geschwister oder Tiere zu sorgen. Sie müssen klarstellen, dass Sie die übliche Antwort »Mach ich nachher« nicht akzeptieren werden. Bleiben Sie beharrlich und erkennen Sie die Bemühungen des Kindes an. Wenn Sie es aus seinem Schneckenhaus herauslocken können, ist das ein wichtiger Schritt für sein Leben.

## Die spontane Überraschungstour

Eine andere Möglichkeit, eine Kultur des Miteinander aufzubauen, ist, einmal die Routine des Familienlebens zu durchbrechen. Die folgende Strategie ist von zahllosen Familien erfolgreich eingesetzt worden, so erfolgreich, dass ich Ihnen empfehlen möchte, sie mit jedem Ihrer Kinder mindestens einen Tag im Jahr in die Tat umzusetzen.

Und zwar laden Sie Ihr Kind ein, mitzukommen und etwas mit Ihnen zu unternehmen. Verraten Sie ihm vorher nicht, zu was es eingeladen wird.

Wenn an dem Tag Schule ist – umso besser. Bringen Sie das Kind aus Ihrem Wohnbezirk heraus, gehen Sie mit ihm in ein Restaurant oder ins Kino, zum Hunderennen, in eine Kunstgalerie, ins Konzert, in die Kirche, zum Kartenspielen oder in ein Autohaus zum Probefahren mit einem neuen Wagen, den Sie nicht zu kaufen beabsichtigen. Nehmen Sie das Kind an Orte mit, zu denen Sie sonst nicht mit ihm gehen würden. Wenn es nörgelt und jammert und alles langweilig findet, stimmen Sie zu und lächeln freundlich.

Bieten Sie Ihrem Kind an diesem Tag Schlag auf Schlag eine

Überraschung nach der anderen. Wenn es sich über eine Aktivität beschwert, erklären Sie nur: »Oh, wart's ab, wir sind noch nicht durch« und deuten an, dass noch mehr kommt. Jammert es und will nach Hause, sagen Sie: »Nur noch ein bisschen.« Wenn es ernsthaft nörgelt, bieten Sie ihm an, es zur Schule zu fahren.

Tricky Kids sind daran gewöhnt, über ihre Welt zu bestimmen. Spontaneität ist nicht gerade ihr typisches Merkmal. Durch solch einen Tag bekommen sie nicht nur einen ganz anderen Einblick ins Leben ihrer Eltern, sondern merken auch, dass die Welt größer ist, als sie es sich vorstellen konnten.

Neigt Ihr stressiges Kind zum Perfektionismus – es muss unbedingt alles richtig machen, und alles muss genau so sein, wie es sich das vorstellt –, sollten Sie diese Strategie häufiger einsetzen.

Spontaneität ist das Gegenmittel für bestimmendes, perfektionistisches Verhalten.

Mit spontanen Überraschungstouren soll Ihr stressiges Kind einer anderen Sichtweise auf die Welt ausgesetzt werden. Es geht nicht darum, einen schönen Tag mit dem Kind zu verbringen, an dem es all das machen darf, was es am liebsten tut. Trotzdem kann es nicht schaden, ein paar echte Belohnungen unter die anderen Erfahrungen zu mischen, damit das Genörgel nicht zu nervig wird.

Stressige Kids, die daran gewöhnt sind, bestimmen zu können, geben ihre Macht nicht ohne Weiteres auf. Aber spontane Überraschungstouren lehren sie, dass das Leben ein Abenteuer sein kann.

### Zum Mitnehmen

Eine Kultur des Miteinander
- wächst nicht zufällig – man muss sie bewusst schaffen;
- wird aufgebaut, indem Sie anfangen, um Unterstützung zu bitten, selbst kooperativ sind und einen Geist der Hilfsbereitschaft in allen Familienmitgliedern entwickeln.

# 17 Einen neuen Tanz beginnen – Schritt 4

Zu bekommen, was man will, setzt Planung voraus. Um einen neuen Tanz zu tanzen, müssen Sie sich genau überlegen, welche Veränderungen Sie für sich und Ihr stressiges Kind erreichen wollen.

## Machen Sie sich klar, was Sie wollen

Schreiben Sie in höchstens drei Sätzen auf, was Ihr Ziel ist. Es sollte nur ein einziges Ziel sein. Oft ist es einfacher aufzuschreiben, was man nicht will, als das, was man will. Wenden Sie Sätze wie »Ich will, dass er nicht mehr die Schule schwänzt« oder »Ich will, dass sie aufhört, immer ihren kleinen Bruder zu ärgern« positiv: »Ich will, dass er regelmäßig am Unterricht teilnimmt« oder »Ich will, dass sie lernt, höflich mit ihrem kleinen Bruder umzugehen«.

Formulieren Sie die Ziele möglichst knapp und präzise. Es sollte eher darum gehen, etwas Neues anzufangen, als etwas zu unterbinden. Schauen Sie sich Ihr Ziel noch einmal an. Kann man es irgendwie verkleinern, so dass es leichter erreichbar wird? Je größer das Ziel, desto schwerer ist es umzusetzen. Wenn irgend möglich, teilen Sie es in kleinere Zwischenziele auf. Und listen Sie alles auf, was Sie bereits erfolglos probiert haben. Das wird Sie daran erinnern, diese Methoden nicht wieder einzusetzen.

Alle sechs Wochen ein oder höchstens zwei Ziele – das ist das Äußerste, was Eltern bewältigen können. Erinnern Sie sich an das Märchen von Hase und Igel? Der langsame Igel gewann durch seine Hartnäckigkeit das Wettrennen. Seien Sie der Igel!

Im vierten Schritt kundschaften Sie Ihr stressiges Kind aus – mit dem Ziel, nach Zeiten zu suchen, wo das Problem nicht auftritt. Achten Sie nicht darauf, wann das Problem auftritt – über das Problem wissen Sie bereits genug. Schwieriger ist es, herauszufinden, welche Bedingungen gegeben sind, wenn es *nicht* auftritt. Wenn wir das herausfinden, sind wir auf dem besten Weg zu einer Antwort.

Was ist beispielsweise los, wenn das Kind zufriedener wirkt? Wenn es ruhig und freundlich ist oder tatsächlich mal aus seinem Zimmer herauskommt, um sich zu unterhalten?

Die meisten Eltern, die aufgefordert werden, darauf zu achten, wann das Problemverhalten nicht auftritt, zucken entweder die Achseln und sagen: »Leicht. Wenn sie ihren Willen bekommt.« Oder sie lachen und sagen: »He, der Junge muss doch auch mal schlafen.« Es ist ganz wichtig, die Angelegenheit mal von einer anderen Seite zu betrachten.

Bei fast jedem kniffligen Kind, mit dem ich gearbeitet habe, trugen viele verschiedene Faktoren dazu bei, ob das Problemverhalten auftrat oder nicht. Vielleicht kopieren Sie einfach die folgende Seite und schauen etwa eine Woche lang, was Sie so entdecken können.

Behalten Sie die problemfreien Zeiten fest im Blick. Es ist nur allzu leicht, sich wieder in Grübeleien über das Problem und das, was es wohl auslösen könnte, hineinziehen zu lassen. Das macht Sie nur blind gegenüber Chancen zur Veränderung. Haben Sie irgendwelche Umstände oder Bedingungen entdeckt, die vorzuliegen scheinen, wenn das Problem nicht auftritt, versuchen Sie, diese Umstände häufiger herbeizuführen.

### Zum Mitnehmen

- Wenn Sie weiter das tun, was Sie immer getan haben, werden Sie auch weiterhin die gleichen Resultate erzielen.
- Setzen Sie sich ganz klare, unzweideutige Ziele.
- Kundschaften Sie Ihr stressiges Kind aus, um »problemfreie Zeiten« ausfindig zu machen.

## Stressige Kids – einen neuen Tanz beginnen

Ihr Ziel (das, wovon Sie bei Ihrem Kind mehr sehen wollen):

_____

_____

Problemverhalten (das, wovon Sie weniger sehen wollen):

_____

| Wochentag | Problemfreie Zeiten | Welche Umstände oder Bedingungen lagen vor, was war passiert? |
|---|---|---|
| Sonntag | | |
| Montag | | |
| Dienstag | | |
| Mittwoch | | |
| Donnerstag | | |
| Freitag | | |
| Samstag | | |

# 18 Tanzen – Schritt 5

Seit tausenden von Jahren waren die Haupthebel der Veränderung, die Eltern zur Verfügung standen, Angst, Bestechung und Ablenkung. Das klappt auch heute noch in vielen Familien, aber bei tricky Kids klappt es eben nicht so besonders.

Von stressigen Kids bekommt man alles zurück, und zwar mit Zinsen. Reagiert man zornig, bekommt man Wut und Ärger doppelt und dreifach zurück. Versucht man es mit Bestechung, wird man feststellen, dass die simpelsten Haushaltspflichten mit enormen Kosten belastet sind. Setzt man auf Dominanz und Autorität, begegnen sie dem entweder mit offenem Trotz oder mit Hinterhältigkeit und Bauernschläue.

In Familien mit tricky Kids müssen wir als Haupthebel der Veränderung Lob, Gewohnheit und Motivation einsetzen. Es gibt ein wunderbares Zen-Lehrparadox (oder *Koan*), das diese Form der Erziehung zusammenfasst. Es lautet:

> *Festhalten mit offener Hand.*

Festhalten mit offener Hand? Für die Erziehung stressiger Kids bedeutet das, sie anzuleiten, aber trotzdem Eigenständigkeit zu gewähren. Und es bedeutet, den elterlichen Einfluss einzusetzen, um Familientraditionen und gute Gewohnheiten zu prägen, damit es nicht ständig zum Kampf kommt. Das heißt aber nicht, dass Sie die Geduld eines Nelson Mandela, die Entschlossenheit eines Napoleon Bonaparte, die liebevolle Fürsorglichkeit einer Florence Nightingale, die Weisheit von Salomo, die Liebe von Mutter Teresa sowie die strategische Planung eines Dschingis Khan brauchen. Was Sie brauchen, sind *Rituale*.

# Rituale

Ein Ritual ist etwas, was in der Familie so gemacht wird, unabhängig von den Wechselfällen des Lebens. Zusammen mit dem Zugehörigkeitsgefühl bilden Rituale die Grundlage von Resilienz bei stressigen Kids. Es kann eine Alltagsgewohnheit sein, beispielsweise der Sonntagsbraten, der Spaziergang nach dem Essen, der Kino-Dienstag oder der wöchentliche Besuch bei der Großmutter. Rituale können aufregend sein oder so regelmäßig vorkommen, dass sie langweilig werden. Die Kraft der Rituale liegt darin, dass sie stressigen Kids eine unzweideutige Botschaft vermitteln: *Bei uns wird das so gemacht.*

Über Rituale braucht nicht diskutiert zu werden. Sie sind nicht verhandelbar. Es sind immer wiederkehrende Gewohnheiten, die die Eltern beschließen und durchführen. Rituale sind der Fels, um den das Familienleben herumfließt.

Familien funktionieren als Demokratien nicht sonderlich gut; am besten funktionieren sie als wohlwollende Diktaturen. Die Kinder brauchen wegen der Familienrituale nicht zu Rate gezogen zu werden. Es ist an den Eltern zu entscheiden, welche Rituale sie wollen, und sie einzuführen.

Die meisten Familien, die schon ein wenig ausgelaugt und angeschlagen sind, merken, dass sie neue Rituale einführen müssen. Bei solchen Ritualen kann es darum gehen, eine schöne Zeit miteinander zu verbringen, aber auch darum, den Alltag effizienter zu gestalten.

Drei Bereiche sind in Familien mit tricky Kids häufig Thema:

1. an Wochentagen rechtzeitig loskommen,
2. Putzen und Aufräumen,
3. Gemeinsamkeit pflegen.

### 1. An Wochentagen rechtzeitig loskommen

*Damit die Kinder pünktlich in der Schule sind, müssen wir um Punkt acht los. Jetzt ist es halb acht. Im Bad tobt gerade eine Schlacht. Eins der Kinder hat verschlafen, ein anderes hat gerade fertig gefrühstückt und beklagt sich über seine Geschwis-*

*ter. Mein Cortisol- und Adrenalinspiegel erreicht Rekordhöhen, als meine Tochter erklärt, dass sie heute einen ganz besonderen Hut in die Schule mitbringen soll. Die nervöse Katze reagiert auf all die Spannung im Haus, indem sie auf den Teppich kotzt.*

Solche Szenen kommen Ihnen bekannt vor?

Überall im Land laufen jeden Morgen in den Häusern dramatische Seifenopern ab. Stressiges Verhalten kann einen Höhepunkt erreichen, wenn die Uhr tickt und der Druck groß ist. Der klassische Fehler ist, zu versuchen, zu viel in zu kurzer Zeit zu schaffen.

*Eine Mutter sagte mir, sie sei es endgültig leid, dass ihr Haus sich jeden Morgen in ein Krisengebiet verwandle. Um 9 Uhr morgens war sie immer soweit, dass sie am liebsten nach einem starken Beruhigungsmittel gegriffen hätte. Die Lösung dieser Mutter wird Ihnen vielleicht ein wenig drastisch erscheinen: Sie entschied, ihren Zeitplan völlig umzustellen. Anstatt um halb sieben aufzustehen und mit Zähnen und Klauen darum zu kämpfen, dass alle rechtzeitig loskommen, machte sie das Frühstück zur Hauptmahlzeit des Tages.*

*»Ich habe irgendwo gelesen, dass man morgens wie ein König, mittags wie ein Edelmann und abends wie ein Bettler essen soll«, erklärte sie. »Also ging ich dazu über, um halb fünf aufzustehen und das beste warme Frühstück zuzubereiten, das man sich vorstellen kann. Die köstlichen Düfte, die durch das Haus ziehen, verlocken selbst die faulsten Familienmitglieder, denn alle haben Hunger – abends gibt es nur eine sehr leichte Mahlzeit. Um sieben setzen wir uns zur Hauptmahlzeit des Tages an den Tisch. Dazu müssen alle gewaschen sein. Früher haben wir uns darüber unterhalten, wie der Tag so gelaufen ist, heute sprechen wir über unsere Pläne für den Tag.«*

So weit wie diese Mutter wollen Sie vielleicht nicht gehen, aber ich habe ein paar großartige Ideen von ihr übernommen, die ich regelmäßig Familien mit tricky Kids vorschlage:

- **Sorgen Sie dafür, dass Ihre stressigen Kids (und Sie selbst) ausreichend Schlaf bekommen.** Überlegen Sie, wann die Familie am besten aufstehen sollte, und verlagern Sie den Start des Tages auf diese Zeit. Das könnte ein paar Wochen dauern. Das ist völlig okay. Konzentrieren Sie sich mehr auf die Aufsteh- als auf die Zubettgehzeit. Sobald die Aufstehzeit fest etabliert ist, können Sie Ihre Energien darauf richten, eine Zubettgehzeit durchzusetzen.
- **Bereiten Sie ein leckeres Frühstück zu.** Das wird nicht nur die Stimmung Ihres stressigen Kindes heben, es wird sich auch in der Schule besser konzentrieren können. An den Frühstückstisch darf sich nur setzen, wer gewaschen und fertig angezogen ist – das ist Bedingung. Wenn ich das vorschlage, wenden die Eltern oft ein, dass ihr Kind morgens keinen Hunger hat. Versuchen Sie, die Nahrungsaufnahme am Vorabend zu begrenzen, und warten Sie ab, was passiert.
- **Musik zum Aufwachen.** Spielen Sie eine halbe Stunde, bevor alle aufstehen müssen, Ihre Lieblingssongs. In voller Lautstärke. Singen Sie mit. Ein Vater, der das ausprobiert hat, berichtete, dass sein 14-jähriger Sohn allein schon aufsteht, um die Musik auszustellen.
- **Planen Sie genug Zeit ein.** Man kann stressige Kids in zu kurzer Zeit einfach nicht mobilisieren. Sicher, Sie können sich Herausforderungen für die Besser-sein-Woller und die Draufgänger ausdenken, die Diskutierer belohnen, die passiven Widerständler überreden, die Ränkeschmiede loben und mit den Wortverdrehern verhandeln – aber nicht jeden Morgen.

Nach einer Umfrage unter Eltern habe ich eine Top-10-Hitliste der Dinge aufgestellt, die sie unternehmen, um ihre Kinder morgens aus dem Bett zu bekommen.

**Die Top-10-Hitliste, wie Eltern ihre Kinder morgens aus dem Bett bekommen**

1. Spielen Sie mit voller Lautstärke Ihre alten CDs.
2. Laden Sie Freunde der Kinder zum Frühstück ein.
3. Lassen Sie einen Hund auf das Bett der Kinder springen.
4. Lassen Sie ein größeres oder gruseligeres Tier auf das Bett der Kinder springen.
5. Nehmen Sie auf einer CD ein in voller Lautstärke von Ihnen geschrieenes »Aufstehen!« auf – in unzähliger Wiederholung. Spielen Sie die CD morgens vor der Kinderzimmertür in ebenfalls voller Lautstärke ab.
6. Frühstücken Sie mit der ganzen Familie im Kinderzimmer.
7. Schleichen Sie sich ins Zimmer des Kindes und stellen Sie den Wecker eine Stunde vor. Das kann man nicht oft machen, aber die Eltern sagen, es macht so viel Spaß, dass es sich lohnt.
8. Wenn das Kind ein Handy hat, rufen Sie es an. Da Sie klugerweise Handys aus dem Schlafzimmer verbannt haben werden, steht es vielleicht auf, um ranzugehen.
9. Gehen Sie ins Zimmer des Kindes und beginnen Sie ein fesselndes Gespräch über ein beliebiges Thema. Hören Sie nicht auf, bis das Kind aufsteht.
10. Steigen Sie zu dem Kind ins Bett und kuscheln Sie ein wenig. Aber Vorsicht: Eine Mutter, die das ausprobierte, schlief wieder ein und kam zu spät zur Arbeit.

*2. Putzen und Aufräumen*

Sauberkeit im Haushalt ist vielleicht nicht das größte Problem, das Sie mit Ihrem stressigen Kind haben, aber in Umfragen unter Eltern taucht es regelmäßig als eins der wichtigsten Alltagsthemen auf.

Rituale ums Putzen und Aufräumen herum sollten bei stressigen Kids mit größter Vorsicht eingesetzt werden. Auch wenn Eltern sich noch so große Mühe bei der fairen Verteilung der

Aufgaben im Haushalt geben, werden sich die Diskutierer beschweren, weil sie irgendetwas total ungerecht finden, die Ränkeschmiede werden versuchen, Sonderprivilegien herauszuschlagen, die Besser-sein-Woller werden Eltern dazu bringen, mit derart harten Konsequenzen zu drohen, dass sie sich schließlich doch beteiligen. Nachdem ich dieses Problem mit zehntausenden von Familien besprochen habe, bin ich zu dem Schluss gekommen, dass es nur eine einzige realisierbare Lösung gibt. Nein – nicht nachgeben und eine Putzfirma engagieren. Die Lösung ist *die Putz-Stunde*.

Die meisten Familien stressiger Kids haben festgestellt, dass die einfachste Methode ist, jede Woche eine Stunde festzulegen, in der alle mit anpacken und tun, was immer getan werden muss, damit das Haus oder die Wohnung einen respektablen Eindruck macht. Eine Familie machte die Putz-Stunde zu einer ganz großen Sache: Die Familienmitglieder durften abwechselnd die Musik dazu aussuchen, und danach gab es immer einen ganz besonderen Brunch. So wird tricky Kids die Botschaft vermittelt, dass die Familie eine Einheit ist, in der jeder jedem hilft und für die alle etwas tun.

### 3. Gemeinsamkeit pflegen

Diese Rituale sind die allerwichtigsten, weil sie den Zusammenhalt der Familie stärken. Ein Kind, das sich zugehörig fühlt, kann leichter Widrigkeiten bewältigen, und wenn Sie Ihrem stressigen Kind diese Resilienz mitgeben, ist das ein Geschenk, das für sein ganzes Leben wichtig ist. Es ist gut, ein paar Familienrituale zu entwickeln, die stattfinden, egal, wie die Einzelnen sich benehmen oder was in den letzten Tagen alles vorgefallen ist.

In Gesprächen mit Erwachsenen, die früher stressige Kids waren, frage ich häufig, was ihnen ihrer Meinung nach geholfen hat, sich so positiv zu entwickeln. Viele antworten dann, es läge daran, dass sie sich geliebt und unterstützt fühlten, und wenn ich nachfrage, was denn dazu beigetragen hat, sprechen sie fast immer von irgendeinem Ritual, das in ihrer Familie üblich war.

Es lohnt sich, einmal über zwei Formen von Ritualen nachzudenken, die Sie einführen könnten:

1. *Familienrituale* wie gemeinsame Mahlzeiten, einen Spaziergang mit der ganzen Familie, den Spieleabend am Montag, sich gemeinsam eine bestimmte Sendung im Fernsehen anschauen. Wählen Sie etwas, an dem alle teilnehmen können und an dem alle Spaß haben werden. Es muss nicht teuer sein; die besten Rituale sind oft umsonst.
2. *Zweier-Rituale*. Da tricky Kids oft auf ziemlich kontraproduktive Weise um Aufmerksamkeit ringen, kann exklusiv mit einem Elternteil verbrachte Zeit die negativen Verhaltensweisen mindern. Überlegen Sie sich, was Sie und Ihr stressiges Kind einmal pro Woche zu zweit unternehmen könnten, und tun Sie es. Wenn Sie alleinerziehend sind und mehrere Kinder haben, schlage ich vor, dass Sie mit den besonderen Zweier-Ritualen rotieren und sich Unterstützung holen.

### Zum Mitnehmen

Um neue Verhaltensweisen bei tricky Kids hervorzurufen, braucht es:
- eine klare Vorstellung davon, welche Veränderungen Sie anstreben,
- die Beobachtung, welche Umstände vorliegen, wenn das Problem *nicht* auftritt, und
- neue Familienrituale und Beziehungsformen.

# Teil 4
# Positive Lebensgewohnheiten

Das Leben ist wie ein Tanz. Jeder bildet seine ureigenen Rhythmen und Schritte aus. Tricky Kids sind oft leidenschaftlich unabhängig und willensstark. Sie haben zweifellos eine ganz eigene Magie.

Eltern prägen erheblich das Leben ihrer Kinder. Die meisten Kinder und Jugendlichen, mit denen ich gearbeitet habe, folgten letztlich von den Eltern vorgegebenen Familienmustern und Gewohnheiten.

In den folgenden Kapiteln wollen wir erörtern, wie Eltern durch entschiedenes Erziehen die Fähigkeiten fördern und stärken können, die das stressige Kind für ein erfolgreiches Leben brauchen wird.

# 19 Was Kinder im Zeitalter der Angst stark macht

In der westlichen Welt findet die Kindheit mittlerweile größtenteils in Innenräumen statt. Noch vor einer Generation gab es aufgeschlagene Knie, Fußballspielen, Toben im Park um die Ecke. Heute bewegen sich die Kinder im Internet, lernen »Multitasking«, das schnelle, gleichzeitige Erfassen von Bild, Text und Geräuschen, und nutzen Mittel und Wege, mit anderen in Verbindung zu treten, die von den Eltern nicht verfolgt werden können, von denen sie unter Umständen gar nichts wissen.

So verlockend der Gedanke manchmal sein mag, den Kindern Unterhaltungselektronik, Computer und Fernseher zu verwehren – ich glaube, es gibt bessere Methoden, sie darauf vorzubereiten, später gut zurechtzukommen. In einer Welt, die Kindern so viel zu bieten hat, ist es entscheidend herauszufinden, was ihnen denn nützt.

So gut informiert, privilegiert und behütet wie die gegenwärtige Generation junger Leute waren historisch gesehen Kinder und Jugendliche noch nie, und doch scheinen sie wenig Befriedigung oder Inspiration daraus zu ziehen.

Einige Trends mögen zwar entwicklungsbedingt sein und sich verändern, wenn die Jugendlichen heranwachsen, aber verschiedene Themen tauchen durchgängig auf:

- Sie sind hinsichtlich Herausforderungen abhängig von externen Anregungen.
- Sie haben eine kurze Aufmerksamkeits- und Konzentrationsspanne.
- Sie brauchen schnelle Erfolge, um motiviert zu bleiben.
- Sie sind misstrauisch gegenüber Fremden und staatlichen Institutionen.
- Sie sind reich an Informationen, aber arm an Erlebnissen.
- Sie sind erst bereit zu lernen, wenn das Wissen gebraucht wird. So hört man beispielsweise oft: »Warum soll ich das

jetzt lernen, ich kann es mir doch später aus dem Internet runterladen.«

Jetzt denken Sie vielleicht, Erwachsene haben sich seit undenklichen Zeiten über die jüngere Generation beschwert. Damit haben Sie sicher recht, aber ich finde, heute gibt es eine zusätzliche Dimension: Die Welt, in der die jungen Leute aufwachsen, ist von Ängsten geprägt. Die Unsicherheit über den Zustand der Welt beschäftigt sie sehr. Dass die Gesellschaft, in der sie aufwachsen, großen Wert auf Information legt, aber wenig Wert auf persönliche Erfahrungen, verstärkt diese Entwicklung noch.

Die jungen Leute, die am ehesten negativ von dieser allgemeinen Ängstlichkeit betroffen sein werden, sind die stressigen Kids. Denn sie sind vor allem reaktiv eingestellt: Sie reagieren, wenn ihnen gesagt wird, was sie tun sollen, sie reagieren auf Aufforderungen oder Forderungen der Eltern, auf Ärger und Konflikte. Die Fähigkeiten, die im Folgenden behandelt werden, helfen stressigen Kids, ihren eigenen Tanz zu finden, anstatt nur zu reagieren bzw. nach dem Trommelschlag anderer zu marschieren.

## Sind tricky Kids besonders anfällig für Sorgen?

Stressige Kids treten so aufgeblasen und entschieden auf, dass man leicht übersehen kann, dass viele voller Unsicherheit stecken. Häufig verschleiern sie das gerade mit ihrer Aggressivität.

Ungefähr eins von drei Kids sorgt sich ständig. Bei einem Draufgänger wäre das gar nicht schlecht, aber wenn Kinder und Jugendliche sich zu sehr sorgen, probieren sie keine neuen Verhaltensweisen aus, und sie versuchen nichts, was sie für irgendwie schwierig halten.

Stressige Kinder und Jugendliche nehmen oft sehr sensibel wahr, wo sie in der Hackordnung des Lebens stehen. Unter ständigem Abgleichen, wo man im Verhältnis zu anderen steht, leidet das Selbstwertgefühl, und es entstehen Neid und Versagensangst. Dieses Vergleichen mit anderen kann zu einer Zentrierung auf sich selbst, Entfremdung und Isolation führen.

## Worüber machen sich Kinder Sorgen?

Das ändert sich mit dem Alter. Kleine Kinder sorgen sich wegen Ungeheuern, übernatürlichen Wesen und einer Trennung von den Eltern. Grundschulkinder sind besorgt um ihre Sicherheit und manchmal darum, ob sie gut in der Schule sein werden. In der mittleren Kindheit gilt die Sorge vor allem der eigenen Stellung in der Peer-Group. Und ab der Pubertät gilt die Hauptsorge vieler junger Leute der Schule.

*Trennungsängste*
Wenn Ihr Kind Sie fragt, ob Sie heute Abend zurückkommen werden, würde eine ehrliche Antwort wohl lauten: »Mit 99-prozentiger Wahrscheinlichkeit werde ich das, aber falls es etwa einen furchtbaren Unfall geben sollte ...« Natürlich würde niemand sein Kind in Sorge versetzen, indem er eine solche Antwort gibt. Kinder brauchen es, sich sicher zu fühlen und die Gewissheit zu haben, dass ihre Eltern für sie da sind und auch weiter für sie da sein werden.

Manche Kinder sorgen sich, dass sie von den Eltern getrennt werden könnten. In manchen Fällen bedeutet das, dass sie nicht in die Schule wollen und an den Eltern kleben wie eine Napfschnecke am Felsen. In diesem Fall sollte man sich so früh wie möglich fragen: »Wie helfe ich meinem Kind, die Gewissheit zu erlangen, dass ich bei ihm bleiben werde?«

## Auch die Eltern machen sich Sorgen!

Wird er sich auch gut einfügen? Ob sie wohl gut in der Schule sein wird? Wird er Beziehungsfähigkeit lernen? Wird sie in der Lage sein, auch mal andere gewinnen zu lassen? Die Liste der Sorgen von Eltern ist endlos.

Besonders seit den terroristischen Anschlägen im September 2001 habe ich einen Anstieg der Sorge unter jungen Leute beobachtet. Das zeigte sich daran, dass sie zögerten, auch mal etwas Neues auszuprobieren, neue Leute kennenzulernen oder in der

Schule Neuland in Gebieten zu betreten, in denen sie versagen könnten.

Wenn stressige Kids im Leben zurechtkommen sollen, müssen sie ihre Stärken nutzen. Eine dieser Stärken ist Kühnheit. Wenn man in vorsichtigen, ängstlichen Zeiten lebt, ist es ein möglicher Weg zum Erfolg, kühn, klar und direkt zu sein. Nutzen Sie diese Führungsstärken Ihres stressigen Kindes, um ihm einen Vorteil zu verschaffen.

Die neue Welle der Angst in der westlichen Welt wird dadurch verschlimmert, dass Erfolg als etwas wahrgenommen wird, was nur in begrenztem Umfang zur Verfügung steht. Wenn Sie anfangen, diese Sichtweise zu teilen, wird Ihre Furcht ansteckend wirken, und Ihr Kind wird vielleicht glauben, dass für ihn bzw. sie Erfolg unerreichbar ist.

Eltern stressiger Kids haben oft noch mehr Grund zur Sorge als andere Eltern. Diese Kinder und Jugendlichen bekommen häufig nicht die besten Schulnoten, sind nicht leicht zur Ruhe zu bringen, zeigen nicht immer ihr bestes Benehmen und sind oft bei anderen Erwachsenen nicht gerade beliebt.

Glauben Sie an Ihr stressiges Kind. Es hat genug Elan, Tatkraft und Durchhaltevermögen, um die Welt zu verändern, wenn es das will.

### Zum Mitnehmen

- Wir leben in ängstlichen Zeiten.
- Stressige Kids machen sich oft große Sorgen, doch ihr Verhalten kann das verschleiern.
- Sprechen Sie positiv über das Leben und das, was die Welt alles zu bieten hat.
- Leben Sie Zuversicht in die Zukunft vor.

# 20 Selbstwertgefühl

Manche tricky Kids haben ein echtes Talent dafür, das Schlimmste in anderen Menschen zum Vorschein zu bringen – was in der Folge das Selbstwertgefühl des Kindes beeinträchtigen kann. Andere wiederum bauen ein starkes Selbstbewusstsein auf wackeligem Boden auf: die Besser-sein-Woller, indem sie die Besten sind, die Ränkeschmiede, indem sie Erwachsene beeindrucken, und die Wortverdreher, indem sie andere überlisten.

Eltern stressiger Kids müssen das Selbstwertgefühl ihres Kindes stärken.

Der Mensch, mit dem man am meisten spricht, ist man selbst – also helfen Sie Ihrem Kind, positiv über sein Leben zu denken. Eine Möglichkeit ist, das Konzept von »Delphingedanken« und »Haigedanken« in Ihrer Familie einzuführen. »Delphingedanken« sind alle Gedanken, die hilfreich sind, während »Haigedanken« einen auffressen können. Wenn Sie Ihre Kinder dabei ertappen, Haigedanken auszusprechen, machen Sie sie darauf aufmerksam und bringen Sie sie dazu, mehrere Delphingedanken hinterherzuschieben.

### Gehen Sie auf Schatzsuche!

Machen Sie sich auf die Suche nach den Talenten, Fähigkeiten, Interessen und nach all dem, was Ihr stressiges Kind beizutragen hat. Fragen Sie Ihr Kind danach. Machen Sie viel davon her. Loben Sie.

In gut funktionierenden Familien wird offenbar viel gelobt. Komplimente werden gemacht, positive Anstrengungen lobend erwähnt. Optimismus liegt in der Luft. Aber sogar in solchen Familien tun stressige Kids es mit einem Achselzucken ab, wenn die Eltern ihnen ein Kompliment machen.

Sehr nützlich ist es, die Kinder die Kunst des Selbstlobs zu lehren. Das erreicht man zum Beispiel, indem man bei jeder guten Leistung fragt: »Toll, wie hast du denn das geschafft?«, »Klasse, hast du etwa hinter meinem Rücken Hausaufgaben gemacht?« oder »Wie hast du das gemacht?«

Anfangs wird das Kind annehmen, dass Sie es beschuldigen, gemogelt zu haben. Beruhigen Sie es in dieser Hinsicht. Derartige Fragen zwingen die Kinder, ihre Erfolge zu erklären; indem sie sie beantworten, lernen sie, sich selbst zu loben.

Wenn das Lob nur von den Eltern kommt, ist es leicht, es einfach abzutun. Aber durch das Nachfragen müssen die Kinder ihre Leistungen in ihren eigenen Worten erklären – und dadurch bekommen sie das Gefühl, dass das Lob ihnen wirklich gebührt.

Diese Fähigkeit ist auch wichtig für die schulischen Leistungen. Schüler mit hohem Selbstbewusstsein schreiben ihre Erfolge ihren eigenen Anstrengungen zu, während Schüler, die nicht resilient sind, Erfolge oft auf Glück oder Zufall zurückführen. Gerade Kinder, die immer andere übertreffen und die Ersten sein wollen – das gilt insbesondere für die Diskutierer, die Ränkeschmiede und die Besser-sein-Woller –, machen häufig die eigenen Erfolge schlecht.

Es geht nicht nur darum, dass man es selbst anerkennt, wenn man etwas gut gemacht hat, sondern auch darum, wie man es beim nächsten Mal noch besser machen kann. In Familien, in denen das Selbstwertgefühl gefördert wird, werden Erfolge gewürdigt und gefeiert, aber damit hört es nicht auf. Die Eltern in diesen Familien fragen die Kinder etwa:

- »Wie gut möchtest du nächstes Mal abschneiden?«
- »Was kannst du tun, um so gut zu werden, wie du es gern wärst?«
- »Wie würdest du dich wohl fühlen, wenn es dir gelänge, das zu schaffen?«

Entscheidend für ein hohes Selbstwertgefühl ist, dass in der späten Kindheit oder der frühen Pubertät irgendein Talent, eine Begabung oder Fähigkeit entdeckt wird und die Eltern viel Aufhebens darum machen. Das ist besonders wirkungsvoll, wenn es mit den Interessen eines jungen Menschen übereinstimmt und er ermutigt werden kann, sich das Ziel zu setzen, sich in diesem Bereich noch zu verbessern. Im Jugendalter kann auch eine erfolgreiche Tätigkeit in einen Teilzeitjob sehr wertvoll für den Aufbau von Selbstwertgefühl sein.

> »Niemand kann einen dazu bringen, sich minderwertig zu fühlen, wenn man es nicht zulässt.«
> Eleanor Roosevelt

### Die Sprache des Optimismus

In Familien, die gut funktionieren, wird den Kindern auch Optimismus vermittelt. Optimismus ist die Fähigkeit, sich Erfolge so zu erklären, dass man sie selbst aufgrund eigener Stärken bewirkt hat. Optimisten nehmen also an, dass es an ihnen liegt, wenn etwas gut gelaufen ist, während sie Negatives als Folge äußerer Faktoren wie Pech, Schicksal oder dem Einfluss anderer Leute abtun. Pessimisten geben sich selbst die Schuld für alles, was schiefläuft, und erklären sich Positives als Folge äußerer Einflüsse.

Bekommt ein Schüler beispielsweise eine gute Note in einer Klassenarbeit, lautet die optimistische Erklärung: »Ich habe mich echt angestrengt, um diese Note zu bekommen, und das heißt wohl, dass ich doch ziemlich gut in der Schule bin.« Wohingegen die pessimistische Erklärung lautet: »Ich hatte Glück, dass die Lehrerin gerade gute Laune hatte, als sie den Aufsatz korrigierte. Daher hat sie ein paar Fehler übersehen.«

In der optimistischen Erklärung bekommt der junge Mensch die gute Note aufgrund eigener Stärken und Fähigkeiten, die als beständiger Teil des eigenen Wesens gesehen werden und deshalb auch in anderen Zusammenhängen wirksam werden könnten. Die pessimistische Äußerung erklärt sich den Erfolg mit etwas, was außerhalb der eigenen Kontrolle liegt, mit vorübergehenden Umständen wie Glück oder der guten Laune der Lehrerin, was nur für diese Situation gilt.

Gleiches gilt beim Umgang mit Rückschlägen, wenn ein Kind beispielsweise ein Musikstück nicht gut gespielt hat.

- **Optimistisch:** »Ich habe einfach nicht genug geübt, weil ich keine Zeit hatte. Nächstes Mal werde ich mehr üben.«
- **Pessimistisch:** »Ich kann nicht Gitarre spielen«, »Ich habe kein musikalisches Gehör« oder: »Ich bin eben dumm.«

In der optimistischen Aussage wird der Rückschlag als vorübergehend und veränderbar interpretiert, während er in der pessimistischen Aussage auf einen permanenten, dauerhaften Fehler der eigenen Person zurückgeführt wird.

Die Art, wie Eltern sich Erfolge und Rückschläge im eigenen Leben erklären, kann einen starken Einfluss darauf ausüben, ob Kinder mehr Optimismus oder mehr Pessimismus entwickeln. Und Optimisten können zwar gelegentlich ein wenig blind gegenüber den eigenen Fehlern sein, aber das ist letztlich sehr viel besser als die Alternative. Optimismus ist lehrbar.

### Zum Mitnehmen

- Erfolg und starkes Selbstbewusstsein sind ansteckend.
- Gehen Sie auf Schatzsuche und entdecken Sie Talente und Begabungen, bei sich und bei Ihrem stressigen Kind.
- Tricky Kids haben großartige Eigenschaften, die oft übersehen werden.
- Entwickeln Sie eine optimistische Lebenseinstellung.

# 21 Selbstbewusstheit und die Wahrnehmung anderer

Tricky Kids sind sich oft selbst ein Rätsel. Denn aktive Menschen nehmen sich oft nicht die Zeit, innezuhalten und über die eigenen Gefühle, Gedanken oder ihre innere Welt nachzudenken.

Eltern geben ihren Kindern die Wörter, durch die sie das Leben sehen. Deshalb ist die Art und Weise, wie Sie über die Welt sprechen, so entscheidend. Klingt paradox, nicht wahr? Das Kind, das Sie mit Zähnen und Klauen wegen der Zubettgehzeit bekämpft oder stundenlang über irgendeine geringfügige Angelegenheit diskutieren kann, ist davon abhängig, wie Sie ihm die Welt erklären.

*Ein Vater beschwerte sich bei mir, sein Sohn sei in der Schule nicht motiviert und probiere nur ungern Neues aus. Ich bat ihn, einmal eine Woche lang darauf zu achten, wie er über die Welt sprach. Beim nächsten Termin berichtete er, jeden Abend, wenn er zur Tür hereinkäme, klage er, er habe mal wieder einen furchtbaren Tag gehabt, die Arbeit sei sehr anstrengend, man könne diesen Idioten nicht vertrauen, und sowieso gäbe niemand etwas auf seine guten Ideen ... Er lachte leise, denn er hatte erkannt, dass der Mensch, der seinen Sohn lehrte, zögerlich und unmotiviert zu sein, er selbst war.*

## Selbstbewusstheit

Zur Selbstbewusstheit gehören drei wesentliche Fähigkeiten:

1. die eigenen Gefühle erkennen und benennen,
2. das Wissen, wie man mit einmal erkannten Gefühlen umgeht,
3. es ändern zu können, wie wir etwas empfinden.

*1. Die eigenen Gefühle erkennen und benennen*
Manche Familien hängen ein »Gefühls-Barometer« an die Zimmertür jedes Familienmitglieds, so dass jeder anzeigen kann, ob er heute wütend, verärgert, traurig oder glücklich ist – gar keine schlechte Idee.

Die meisten Kinder sind in der Lage, zu sagen, wie sie sich gerade fühlen, wenn man sie bittet, einmal innezuhalten und darüber nachzudenken. Aber stressige Kids sind nicht besonders gut darin. Helfen Sie Ihrem Kind, die eigenen Gefühle zu erkennen, indem Sie etwa sagen: »Es sieht fast so aus, als würdest du dir wegen irgendwas Sorgen machen, stimmt das?« Oder: »Ich kann nicht von deinem Gesicht ablesen, ob du verärgert oder traurig bist. Weißt du es?«

Eine Möglichkeit ist, dass Sie auf Ihre eigenen Gefühle achten und darüber sprechen. Die Kunst, die eigenen Gefühle zu erkennen, hilft einem zu unterscheiden, was wichtig ist und was nicht. Wenn man diese Fähigkeit nicht entwickelt, reagiert man vielleicht auf alles, was um einen herum vorgeht, ohne zu wissen, warum.

Stressige Kids, die von ihren Gefühlen abgeschnitten sind, verhalten sich manchmal auf eine Art und Weise, die sie selbst verwirrt. Bringen Sie ihnen bei, bei sich selbst nachzuspüren, um herauszufinden, woher ein bestimmtes Gefühl stammt. Es ist gewöhnlich am besten, das abends zu tun. Zum Beispiel: »Als wir uns heute Morgen so beeilen mussten, um rechtzeitig zur Schule zu kommen, hast du dich aufgeregt – weißt du noch warum?« Versuchen Sie, sich nicht mit einem »Keine Ahnung« abspeisen zu lassen. Spielen Sie Detektiv: »Hast du dich schon beim Aufwachen so gefühlt oder erst nach dem Frühstück? War es, bevor du in die Küche kamst oder nachher?«

Ich weiß, das klingt ein wenig mühsam, aber stressige Kids neigen dazu, die Außenwelt als Quelle all ihrer Gefühle zu betrachten. Die langfristige Folge davon ist, dass sie jedes Mal, wenn sie sich schlecht fühlen, allen anderen die Schuld daran geben und nie die Verantwortung dafür übernehmen, ihre negativen Gefühle abzulegen.

Sobald Ihr stressiges Kind einigermaßen in der Lage ist, seine Gefühle zu beschreiben, helfen Sie ihm, sich der Intensität eines

Gefühls bewusst zu werden, indem Sie das Kind auffordern, die Stärke des Gefühls auf einer Skala von 1 bis 10 einzuordnen. Bei sehr körperbetonten Kindern wie den Draufgängern kann es auch hilfreich sein, sie zu fragen, wo in ihrem Körper sie sich wütend/traurig/besorgt/verärgert fühlen.

**2. Wissen, wie man mit einmal erkannten Gefühlen umgeht**
Versuchen Sie, Ihr Kind dazu zu bewegen, über seinen Gefühlszustand zu sprechen. Hören Sie aufmerksam zu und stellen Sie nur Fragen, die dem Kind helfen, ausführlicher darauf einzugehen. Zum Beispiel:

**Vater:** »Du siehst aus, als wärst du wütend. Stimmt das?«
**Stressiges Kind:** »Das ist nicht fair.«
**Vater:** »Soll das heißen, dass du tatsächlich wütend bist?«
**Stressiges Kind:** »Ja, bin ich wohl. Immer hast du es auf mich abgesehen!«
**Vater:** »Wann hast du angefangen, wütend zu sein?«
**Stressiges Kind:** »Ich wollte fernsehen!«
**Vater:** »Es hat dich also wütend gemacht, dass ich gesagt habe, du darfst nicht fernsehen?«
**Stressiges Kind:** »Alle anderen dürfen fernsehen, wann sie wollen.«

Dieses Gespräch scheint sich im Kreis zu drehen, aber tatsächlich dient es einem guten Zweck. Ihnen ist vielleicht aufgefallen, dass der Vater das Kind nicht fragt, *warum* es wütend ist, und nicht versucht, seine Gründe für das Fernsehverbot zu erklären. Soweit möglich lenkt er das Gespräch immer wieder auf den Gefühlszustand des Kindes zurück. Durch das direkte Ansprechen von Gefühlen dürfen Empfindungen ausgedrückt werden, was die Chance für das Kind vergrößert, damit fertigzuwerden. Wenn über Gefühle gesprochen werden kann, wird das dem Kind vermitteln, dass es noch andere Möglichkeiten gibt, seiner Wut Ausdruck zu verleihen, als zurückzuschlagen oder davonzustürmen.

Eltern stressiger Kids fühlen sich oft genötigt, auftauchende Probleme schnell zu lösen. Solche Gespräche zielen eher darauf ab, dem Kind zu helfen, mehr über seine eigenen Gefühle zu erfahren und darüber zu sprechen. Wenn die Eltern gleich Lösungen anbieten, kann das Gespräch rasch in einen Streit ausarten oder ganz abgebrochen werden.

### 3. Es ändern können, wie wir etwas empfinden

Aus den meisten negativen Gefühlen wächst man einfach heraus. Das Leben geht weiter. Menschen kommen über vieles hinweg. Gefühle gehen vorbei.

Manchmal ist es jedoch ratsam, die Art, wie wir uns fühlen, aktiv zu ändern. Dafür stehen uns zwei Wege offen. Erstens können wir unsere Denkweise ändern. Manchmal reicht es schon, sich einfach zu sagen:»Ich werde mich auf die positiven Aspekte konzentrieren« – das heißt, Haigedanken gegen Delphingedanken auszutauschen.

Die zweite Möglichkeit ist, die Aufmerksamkeit ganz auf die eigenen Empfindungen zu lenken. Wenn man das beobachtet, was man gerade fühlt, ohne sich unterbrechen zu lassen, verändert sich das Gefühl häufig. Setzen Sie sich irgendwo ruhig hin und konzentrieren Sie sich darauf, wie Sie sich fühlen. Das kann dazu beitragen, dass das negative Gefühl sich auflöst. Fordern Sie Ihr Kind einmal auf, sich zehn Minuten ruhig hinzusetzen und seine Aufmerksamkeit ganz auf ein bestimmtes Gefühl zu lenken, bevor Sie mit ihm darüber sprechen.

## Wahrnehmung der Gefühle anderer

Sich der eigenen Empfindungen bewusst zu werden ist wichtig. Die Fähigkeit, sich in andere hineinversetzen zu können, ist für das Leben stressiger Kids ein enormer Gewinn.

Die Eltern können sie darin unterstützen, indem sie »Detektivspiele« mit ihren Kindern spielen. Wenn Sie mit Ihrem Kind unterwegs sind, deuten Sie gelegentlich auf einen Passanten und fragen: »Was empfindet dieser Mann gerade, was glaubst du?« Oder: »Wie, glaubst du, ist der Tag dieser Frau bislang verlaufen?« Sie können Fernsehsendungen, Kinofilme und Zeitschriftenfotos einsetzen, um Ihr Kind darin zu fördern, am Gesichtsausdruck zu erkennen, welche Gefühle andere gerade bewegen.

Auch wenn abends am Familientisch darüber gesprochen wird, wie der Tag gelaufen ist, lernen die Kinder, die Sichtweise anderer zu verstehen und Mitgefühl zu entwickeln.

### Zum Mitnehmen

- Es hängt wesentlich von den Eltern ab, wie ihre Kinder sich und ihre Welt sehen.
- Helfen Sie Ihrem Kind, innezuhalten und nachzudenken.
- Unterstützen Sie es dabei, die eigenen Gefühle zu erkennen und zu benennen.
- Die Fähigkeit zu erkennen, was andere Menschen gerade empfinden, ist äußerst wichtig.

# 22 Emotionales Wohlergehen

Das wachsende Gehirn entwickelt sich am besten in einem anregenden und ruhigen Umfeld. In Familien mit stressigen Kids gibt es jedoch häufig Ärger, lautstarke Auseinandersetzungen und sonstige Dramen.

## Umgang mit Wut

Menschen, die ihren Zorn nicht zügeln können, sind ihre Freunde schnell los.

Kindern beizubringen, ihre negativen Gefühle zu beherrschen, ist nicht einfach. Aber das ist notwendig, um ein erfülltes Leben führen zu können. Die Lektion, dass es jemanden gibt, der stärker ist als die eigenen negativen Gefühle, sollte zu Hause gelernt werden. Wenn ein Kind erfährt, dass seine Eltern ihm jedes Mal nachgeben, wenn es zornig wird, droht und quengelt, wird es bald Wutanfälle einsetzen, um zu bekommen, was es will. Möchten Sie, dass Ihr Kind das lernt?

### »Hitzköpfe« und »kalte Herzen«
Es gibt zwei Arten, auf die Kinder ihre Wut ausdrücken können: hitzig oder »mit kaltem Herzen«.

Die Hitzköpfe werden schnell wütend und müssen lernen, wie man seine Impulse zügelt. Sie halten sich nicht zurück, aber wenn es vorbei ist, ist es vorbei.

Hitzköpfe müssen lernen, wieder zur Ruhe zu kommen. Sie sind ein wenig wie ein Auto mit hoher Drehzahl, aber schlechten Bremsen: Aufdrehen können sie sehr gut, sich bremsen weniger. Das können Eltern ändern, indem sie mit ihnen über ihre Wut reden, darüber sprechen, was sie wütend gemacht hat, und alternative Formen des Umgangs damit vorschlagen. Kleinere Hitzköpfe kann man während eines Wutanfalls halten, sanft aber fest, bis sie sich beruhigt haben. (Eine Warnung an Eltern: Wenn Sie sich entschieden haben, ein Kind festzuhalten, müssen Sie es halten, bis es sich völlig beruhigt hat, und das kann dauern!)

Die »kalten Herzen« besitzen mehr Impulskontrolle als die Hitzköpfe und sind berechnender in ihrer Art, ihre Wut zu zeigen. Es ist fast, als würden sie sich denken: »Ich warte ab, bis es wirklich peinlich ist, und dann lege ich los.« Die Supermärkte sind voll von solchen Kindern, die sich irgendwo hinsetzen und mit einem Schreianfall drohen, bis die Eltern nachgeben. Je früher diese Kinder lernen, dass Wutanfälle kein angemessener Weg sind, Aufmerksamkeit oder Süßigkeiten zu ergattern, desto besser. (Noch eine Warnung für Eltern: Wenn Sie einen festen Standpunkt einnehmen und sich vornehmen, nicht nachzugeben, wird es schlimmer, viel schlimmer – aber nur eine Zeit lang, bevor es besser wird.)

## Siedepunkt und Beruhigung

Tricky Kids können ihre Eltern sehr schnell in dramatische Turbulenzen verwickeln. Ohne gründliche Planung kann es es Ihnen passieren, dass Sie sich plötzlich mitten im Auge des Sturms wiederfinden und mit Zähnen und Klauen einen Kampf um etwas ausfechten, was Sie eigentlich gar nicht so besonders wichtig finden.

Eltern stressiger Kids müssen wissen, ob sie es gerade mit einer *Siedepunkt-Situation* oder mit einer *Beruhigungs-Situation* zu tun haben.

## Siedepunkt-Situationen

Eine Siedepunkt-Situation ist gegeben, wenn es unmöglich ist, das Verhalten eines stressigen Kindes allein durch Worte zu beeinflussen. Die Intensität des Konflikts hat einen Punkt erreicht, an dem eine rationale Diskussion nicht mehr möglich ist. Anzeichen dafür, dass Sie sich in einer solchen Situation befinden, sind:

- Die Auseinandersetzung bewegt sich willkürlich von einem Streitpunkt zum nächsten.
- Es scheint mehr darum zu gehen, Wut oder Frust auszudrücken, als darum, ein Problem zu lösen.

- Einer der Beteiligten fühlt sich nicht mehr sicher (das können Sie sein oder Ihr Kind).
- Es hat bereits eine gewalttätige Handlung oder die Androhung körperlicher Gewalt gegeben.

In solchen Situationen ist das Hauptziel, dafür zu sorgen, dass niemandem etwas passiert. Die Streitfragen können später geklärt werden.

Versuchen Sie, schon im Vorfeld eine Strategie für solche Situationen zu entwickeln. Ist ein Siedepunkt erreicht, ist es sehr wichtig, dass Sie Ihr Kind gut kennen. Manche stressige Kids brauchen dann so viel Raum um sich herum wie möglich, und sie brauchen Rückzugsmöglichkeiten. Hier könnte eine Strategie darin bestehen, sie auf ihr Zimmer zu schicken oder selbst wegzugehen – das heißt, den räumlichen Abstand zwischen sich und dem Kind zu vergrößern. Andere stressige Kids reagieren sehr schlecht darauf, alleingelassen zu werden. Es besteht dann die Gefahr, dass sie sich selbst, Sachen oder anderen Menschen Schaden zufügen. Sie werden aus Erfahrung wissen, zu welcher Gruppe Ihr Kind gehört. Selbstredend ist es nicht ratsam, kleinere Kinder alleinzulassen, wenn sie wütend und verstört sind. Kleinere Kinder brauchen jemanden, der unauffällig ein Auge auf sie hat, wenn sie außer sich geraten.

Alle Siedepunkt-Strategien beruhen darauf, dass niemand ewig weitertoben kann, aber während des Tobens jede Provokation oder Intervention ineffektiv ist. Ihr Ziel ist, sich und Ihr stressiges Kind vor Schaden zu bewahren und abzuwarten, bis die Lage sich beruhigt hat.

Eine allgemeine Regel lautet: Stellen Sie sich nicht zwischen das tobende Kind und seinen Fluchtweg, da es sich sonst einen Weg freihauen könnte. Das bedeutet, lassen Sie den Weg zur Tür frei. Stellen Sie sicher, dass ein stressiges Kind in der Siedephase genug Raum hat, damit Sie nicht noch selbst verletzt werden.

In einer solchen Phase sollten Sie so wenig reden wie irgend möglich. Wenn Sie etwas sagen müssen, tun Sie es leise und mit ruhiger Autorität. In Siedepunkt-Situationen können Sie Ihrem

Kind zeigen, dass Sie fähig sind, für seine Sicherheit zu sorgen, egal, wie wütend oder außer Kontrolle es sein mag.

Es dauert so lange, wie es eben dauert. Es gibt keine Möglichkeit, die Sache zu beschleunigen. Im Ernstfall müssen Sie darauf vorbereitet sein, einmal eine Verabredung sausen zu lassen oder zu spät zur Arbeit zu kommen. Jeder Versuch, den Prozess zu beschleunigen, wird ihn nur verlängern. Aber solche Extremsituationen werden hoffentlich nur selten vorkommen.

Danach sind stressige Kids oft erschöpft und mit ihren emotionalen Kräften am Ende. Widerstehen Sie also der Versuchung, eine erneute Diskussion über das Thema zu führen, das zu dem Ausbruch geführt hat. Seien Sie einfach bei Ihrem Kind und nutzen Sie die Zeit, um ihm zu sagen, dass Sie es lieben.

### *Beruhigungs-Situationen*

Die meisten stressigen Kids brauchen gelegentlich fortgeschrittene Beruhigungstechniken. Die Fähigkeit, sich zu beruhigen, kann gelernt und eingeübt werden. Sie wissen sicher selbst, wie ansteckend Aufregung und Ärger sein können. Das Gute ist, dass Ruhe ebenfalls ansteckend ist.

Wenn Sie stressige Kids erziehen, wird es Zeiten geben, in denen das Wichtigste, was Sie tun können, ist, sich selbst wahrzunehmen. Es ist naheliegend, ebenfalls chaotische Loopings zu drehen, wenn ein stressiges Kind ausrastet. Halten Sie stattdessen inne. Horchen Sie in sich hinein und achten Sie darauf, was mit Ihnen passiert. Schlägt Ihr Herz schneller? Atmen Sie rascher? Sprudeln ungefähr tausend Worte pro Minute aus Ihnen heraus? Halten Sie inne. Verlangsamen Sie Ihren Atem und Ihre Sprechweise. Atmen Sie tief und langsam zwischen jedem Satz. Ändern Sie Ihren Tonfall. Nehmen Sie eine entspanntere Haltung ein. Es geht hier darum, den Wind aus den Segeln zu nehmen.

Wenn man mitten in einer Auseinandersetzung steckt, wird man leicht von seinen Emotionen mitgerissen. Wenn Sie irgend können, finden Sie Ihre Ruhe wieder und zeigen dann Ihrem stressigen Kind, wie man das Tempo der Auseinandersetzung verlangsamen kann.

## Wie man stressige Kids beruhigt

Hier stelle ich Ihnen meine Lieblingsmethoden zur Beruhigung stressiger Kids vor. Probieren Sie sie selbst aus, um zu sehen, welche zu Ihrem Kind passen. Bringen Sie ihm die Techniken bei, wenn es ruhig ist, damit es sie einsetzen kann, wenn es sich aufregt.

**Die innere Seifenblase des Lachens**
Schließen Sie die Augen und lassen Sie sich dann ein wenig Zeit, um erst einmal bei sich und in Ihrem Körper anzukommen. Einige Teile des Körpers sind vielleicht ganz müde und schwer, während andere sich ganz leicht und energiegeladen anfühlen. Wenn man anfängt, sich zu entspannen, steigt manchmal ein blubberndes Lachen in einem auf, wie Bläschen in einem Glas Limonade. Versuchen Sie, das innere Lachen zu finden, und lassen Sie es in sich hochsprudeln.

**Verankern**
Denken Sie an einen Moment in Ihrem Leben, in dem Sie sich glücklich und zuversichtlich fühlten. Das kann eine neuere Erinnerung sein oder eine, die schon sehr lange her ist. Wenn ein Bild auftaucht, achten Sie darauf, wo in Ihrem Körper Sie dieses Gefühl von Glück und Zuversicht empfinden. Manche fühlen es im Brustkorb, andere im Kopf, andere in den Händen oder Armen. Nun legen Sie die Spitze des Daumens und des Zeigefingers Ihrer Schreibhand zusammen und üben einen leichten Druck aus. Nehmen Sie diese Bewegung als eine Art Erinnerungszeichen. Wenn später wieder Widrigkeiten und Stürme auftauchen, müssen Sie nur Daumen und Zeigefinger Ihrer Schreibhand zusammenlegen und drücken, um die Erinnerung an eine Zeit wachzurufen, in der Sie glücklich und zuversichtlich waren.

**Wolken zum Horizont schieben**
Es kann dauern, bis es gelingt, an nichts zu denken. Diese

Übung lehrt Sie, Ihren Geist zu klären. Man schätzt, dass ein Mensch am Tag ungefähr 13 000 Gedanken denkt. Leider sind es meist die gleichen Gedanken, die er auch am Vortag schon gehabt hat.

Stellen Sie sich vor, dass Sie an einem einsamen Strand liegen. Sie sind allein und vollkommen sicher. Sie spüren die Wärme der Sonne auf der Haut, und eine leichte, angenehme Meeresbrise umfächert Sie. Das Rauschen der Wellen, die auf den Strand laufen, ist wie Ihr Atem, der sanft ein- und ausströmt, ein- und ausströmt. Sie bemerken, dass ein paar Wolken am Himmel sind. Stellen Sie sich vor, dass die Wolken davonziehen, bis der Himmel ganz klar ist, und mit den Wolken ziehen Ihre Gedanken fort. Wenn die letzte Wolke den Horizont erreicht, ist Ihr Kopf ganz klar und konzentriert.

**Die persönliche Oase**
Zu allen Zeiten hat sich die Oase – ein kleiner Flecken Grün mitten in der Wüste – ihren besonderen Platz in der Fantasie der Reisenden bewahrt, die von kühlem Wasser, Palmen und schönen Singvögeln träumten. Nehmen Sie sich einen Moment Zeit, um sich ihre persönliche Oase auszumalen. Gibt es dort Bäume, und wenn ja, welche? Gibt es einen Brunnen oder einen Teich im Zentrum Ihrer Oase? Was können Sie sich sonst noch ausmalen? Welche Farben, Gerüche, Geräusche …?

**Farbkaleidoskop**
Stellen Sie sich vor, dass das Gefühl, das Sie gerade empfinden, eine Farbe ist. Schließen Sie die Augen und suchen Sie sich eine Farbe aus. Achten Sie darauf, welche Form diese Farbe hat, wie sie sich anfühlt, ob sie heiß oder kalt ist, scharf oder weich, und ob sie ganz nah ist oder weit weg.

Nun lassen Sie die Farbe zu einem weniger intensiven Ton verblassen. Wiederholen Sie das mehrmals. Nehmen Sie die Farbe wahr und lassen Sie sie zu einem immer schwächeren Farbton verblassen.

## Sein Glück schaffen

Die Suche nach Wegen, die »Click and Go«-Generation zu motivieren, hat mich dazu gebracht, darüber nachzudenken, was uns denn glücklich macht.

Für die »Click and Go«-Generation mit ihrer kurzen Aufmerksamkeitsspanne, die nur den unmittelbaren Erfolg sucht und auf äußere Quellen der Befriedigung angewiesen ist, könnte das Streben nach Glück ein wesentlicher Motivationsfaktor sein. Doch in Anbetracht der Tatsache, dass die Welt nur höchst unverlässig für unser Glück sorgt, kann es durchaus problematisch sein, dass die »Click and Go«-Kids so abhängig von äußeren Quellen der Befriedigung sind.

Die meisten Forschungsergebnisse zeigen, dass wir heute weniger glücklich sind als vor 50 Jahren – obwohl wir von einem materiellen Reichtum umgeben sind, von dem sogar die märchenhaften indischen Maharadschahs früherer Zeiten nicht einmal träumen konnten. Zwar wird ein gewisses Maß an finanzieller Sicherheit als notwendige Voraussetzung für Glück angesehen – und in der Tendenz gibt es in den reichen Ländern mehr zufriedene Menschen als in den armen Ländern –, aber Geld hat im Grunde nicht viel damit zu tun. Da wir uns schnell an Ruhm und Reichtum gewöhnen, werden die Luxuswaren von gestern schnell zur Notwendigkeit von heute und landen morgen auf dem Trödel.

Schon Aristoteles kam zu der Schlussfolgerung, dass der Mensch vor allem nach Glück sucht. Und doch entzieht es sich uns. Der Psychologieprofessor Mihaly Csikszentmihalyi weist in seinem Buch »FLOW. Das Geheimnis des Glücks« darauf hin, dass Frustration ins Gewebe des Lebens eingewoben ist: Sobald wir ein Bedürfnis erfüllt bekommen haben, fangen wir sofort an, uns mehr zu wünschen. Das Paradoxe ist, dass durch diese Erwartungshaltung wahre Lebensqualität unerreichbar wird. Glück ist zum Teil deshalb so schwierig zu erlangen, weil das Universum nicht geschaffen wurde, damit Menschen es möglichst schön haben: Die Welt versorgt uns nicht mit Glück. Der Mensch schafft sich sein Glück selbst.

Entgegen gängiger Annahmen ist Glück nicht hauptsächlich mit passiver Entspannung verbunden. Wir meinen, das pure Glück wäre es, die Stunden müßig am Pool eines Luxushotels in der Karibik zu verbringen, einen Drink in der Hand und ein Objekt des Begehrens neben uns. Zwar wäre ich persönlich durchaus bereit, mich zu opfern und weitere Forschungen in diesem Bereich durchzuführen, aber es scheint, dass unsere glücklichsten Momente nicht die sind, in denen wir uns passiv entspannen. Sondern es sind die Momente, in denen wir so vollständig in eine sinnvolle Herausforderung vertieft sind, dass wir uns selbst dabei vergessen – in denen wir vollständig auf die vorliegende Aufgabe ausgerichtet sind. Nach solchen Glücksmomenten blicken wir auf und denken: »Wo ist denn nur die Zeit geblieben?« Dieser Zustand, in dem wir ganz in dem aufgehen, was wir gerade tun, bezeichnet Csikszentmihalyi als »Flow« (Fließen).

Um diese reine Freude am Tun zu empfinden, muss unser Können den Anforderungen entsprechen. Ist die Herausforderung zu groß, erleben wir Unsicherheit und Frustration. Ist sie zu klein, langweilen wir uns. Es gibt eine Vielzahl von Beschäftigungen, bei denen Leute in diesen Zustand des »Flow« kommen: Sport, Malen und Zeichnen, Musik, Lesen, Gärtnern, Angeln, Spazierengehen, beim Spielen mit Kindern oder Haustieren, sogar bei der Arbeit.

Allen diesen Beschäftigungen ist gemeinsam, dass man sich dabei seine eigenen Ziele setzt und selbst für seine Belohnung sorgt. Indem wir ganz in dem aufgehen, was wir gerade tun, befreien wir uns von dem Warten darauf, dass uns die Außenwelt mit Herausforderungen und Belohnungen versorgt.

Die Kunst, etwas zu finden, was diesen Zustand des selbstvergessenen Fließens auslöst, wird Kindern eher selten vom Elternhaus oder der Schule vermittelt. Schulen und Eltern, die ja meist knapp an Zeit sind, stehen unter dem Druck, für sofortige Befriedigung und Unterhaltung der Kinder zu sorgen, wodurch ein Strudel von Bespaßung entsteht, der die jungen Menschen nur zu oft der Gelegenheit beraubt, »Flow« zu erleben.

> »Glück ist ein imaginärer Zustand, vormals von den Lebenden den Toten zugeschrieben, heute gewöhnlich den Kindern von den Erwachsenen und den Erwachsenen von den Kindern.«
> Thomas Szacz

Unsere jungen Leute erleben oft eine Flut von Anregungen, die zweifellos zum Aufgedrehtsein beiträgt. Und wenn die Reizüberflutung einmal abgestellt ist, laufen sie herum und beklagen sich, dass ihnen langweilig sei. Schließlich werden sie passiv und abhängig davon, dass die Welt sie unterhält, und glauben, dass sie ein Recht haben, immer glücklich zu sein. Die Welt, die niemanden verlässlich oder fair mit Herausforderungen und Belohnungen versorgt, wird da alle früher oder später im Stich lassen, und sie verlieren die Motivation. Und an all dem ist – in ihren Augen – die Welt Schuld, was natürlich auch heißt: die Eltern!

Das kann zu wehleidigem Missmut führen: »Wenn wir nur in einer anderen Gegend wohnten, näher an/weiter weg von der Schule«, »Wenn nur meine Eltern cooler wären/ein besseres Auto/ein schöneres Haus hätten«, »Wenn ich nur bessere Freunde hätte«. Mit der Zeit kommt dabei ein Materialismus heraus, der die jungen Leute daran hindert, selbst die Verantwortung dafür zu übernehmen, sich ein erfülltes Leben zu schaffen.

## Wie man tricky Kids dabei hilft, sich ein erfülltes Leben zu schaffen

Entscheidend dabei ist, dass die Kids etwas finden, das sie in den Hochstimmungs-Zustand des »Flow« versetzt. Das setzt voraus, dass das Leben zumindest teilweise verlangsamt wird. Die Kinder und Jugendlichen sollten dieser besonderen Tätigkeit über längere Zeit hinweg immer wieder nachgehen und dabeibleiben, um die Grenzen ihrer Fähigkeiten immer weiter hinaus zu schieben. Das wird ihre Freude daran erhöhen. Die Herausforderungen sollten immer weiter gesteigert werden, damit es nicht zu einfach und damit langweilig wird.

Was für Beschäftigungen das sind, ist von Person zu Person verschieden. Bei manchen ist es Basketball oder Fußball, Musik oder Zeichnen, Hockey oder Tauchen, Schreiben oder Malen, bei anderen vielleicht Schach oder Skateboardfahren. Sie haben keinen Einfluss darauf, was Ihr Kind mit Begeisterung macht; aber Sie können dafür sorgen, dass es eine Reihe von Aktivitäten ausprobiert, es dabei beobachten und bewusst darauf achten, wovon es sich fesseln lässt. Zur Anregung sind unten einige Beispiele aufgelistet.

Freude ist nicht der einzige Schlüssel zur Motivation, aber es ist kein schlechter Anfang.

### Einige Quellen von »Flow« für junge Leute

1. ein Bad nehmen
2. etwas sammeln (z. B. Muscheln)
3. in den Zoo gehen
4. Musik hören/machen
5. Malen
6. auf eine Party gehen
7. Schwimmen
8. Lachen
9. einen Witz lernen
10. ein Zauberkunststück üben
11. Karten spielen
12. bei einer Freundin/einem Freund übernachten
13. eine Freundin/einen Freund bei sich übernachten lassen
14. Fahrradfahren
15. Computerspiele spielen
16. Gärtnern
17. ein Haustier halten und versorgen
18. Campen
19. einen Comic lesen
20. einen Drachen steigen lassen
21. eine Kuh melken
22. Kanufahren
23. ein Gespräch mit der Familie führen
24. Jonglieren
25. zu den Pfadfindern gehen
26. Nähen oder Stricken
27. in einem Chor mitsingen
28. Reiten
29. Theaterspielen
30. Angeln
31. ein Geschenk herstellen
32. Fotografieren
33. allein sein
34. barfuß durch den Park laufen
35. Fußball spielen oder gucken
36. ins Museum gehen
37. Schokolade essen
38. einen Brief schreiben
39. eine Geschichte schreiben
40. Puzzeln
41. ein Instrument spielen
42. auf einen Baum klettern
43. Trampolinspringen
44. Kochen
45. Tanzen

## Stärken ausbauen

Das Leben ist nun mal nicht fair. Es ist wichtig, das zu wissen. Die Schule übrigens auch nicht. Die Welt belohnt uns nicht dafür, wenn wir in allem gleich gut sind. Tatsächlich belohnt sie uns nur, wenn wir in zwei oder drei Dingen gut sind. Ein guter Trick für Erfolg im Leben ist, die eigenen Stärken herauszufinden, sie so gut wie möglich auszubauen und sich keine großen Gedanken über Gebiete zu machen, in denen man weniger gut ist. Die folgenden Richtlinien sollen Sie dabei unterstützen, Ihrem stressigen Kind zu einem erfüllteren Leben zu verhelfen:

- Helfen Sie Ihrem stressigen Kind, seine Stärken herauszufinden und zu lernen, sie zu nutzen. Dabei kann es sein, dass diese Stärken in der Schule nicht unbedingt hoch geschätzt sein werden.
- Helfen Sie ihm, dafür zu sorgen, dass sich seine einmaligen oder außergewöhnlichen Eigenschaften herumsprechen.
- Unterstützen Sie es dabei, Fertigkeiten oder Kenntnisse zu erwerben oder Talente auszubauen, die es unersetzbar machen.
- Helfen Sie Ihrem Kind, sich Gruppen zu suchen, in denen das geschätzt wird, was es zu bieten hat.
- Helfen Sie Ihrem Kind, Gruppen zu meiden, in denen seine Vorzüge nicht geschätzt werden.

Haben Sie hohe Erwartungen an die Fähigkeit Ihres Kindes, sich ein erfülltes Leben zu schaffen. Es ist wichtig, dass es hinsichtlich dieser Fähigkeit auch von sich selbst viel erwartet.

Die Welt wird sich in den nächsten Jahrzehnten radikal wandeln, und junge Leute werden sich als anpassungsfähig erweisen müssen. Es wird angenommen, dass es 70 Prozent der Berufe, die es im Jahr 2020 geben wird, heute noch nicht gibt. Wenn dem so ist, können wir unseren Kindern nicht die Kenntnisse beibringen, die sie brauchen werden. Aber wir können ihnen beibringen, mit Begeisterung und Geschick zu lernen und sich ihre hohen Erwartungen zu bewahren.

## Echte Beziehungen eingehen

Kaum etwas hat mehr Einfluss auf den Erfolg im Beruf und auf das Lebensglück als die Fähigkeit, gut mit anderen Menschen auszukommen. Alle Eltern, die je versucht haben, Kinder dazu zu bringen, einen Kuchen zu teilen, werden wissen, dass diese Lektion nicht gerade leicht zu lernen ist.

Menschen, die ebenso geben wie nehmen können, sind oft glücklicher. Die Fähigkeit, mit anderen zusammenzuarbeiten und ihre Bedürfnisse zu berücksichtigen – das heißt, auf positive Empfindungen wechselseitig zu reagieren –, ist ein wichtiger Indikator für Erfolg im Leben und eine Quelle psychischer Stabilität. Verbundenheit und ein Gefühl von Zugehörigkeit sind die stärksten Gegenmittel gegen Selbstmord, Gewalt und Suchtverhalten.

Was unserem Leben Sinn gibt, sind unsere Beziehungen zu anderen Menschen. Wenn Kinder Teamfähigkeit lernen sollen und die Kunst, sensibel auf die Bedürfnisse anderer einzugehen, müssen sie ein Verständnis von Recht und Unrecht entwickeln. Das setzt voraus, dass Eltern Mut zur Erziehung haben und immer wieder die einzige Botschaft lehren, auf die sich wahrscheinlich alle Weltreligionen einigen könnten: Behandle andere so, wie du gern selbst behandelt werden möchtest.

Bringen Sie Ihrem Kind bei, andere nicht immer überholen zu wollen, sondern stattdessen mit ihnen zusammenzuarbeiten.

Ebenfalls nützlich ist es, stressigen Kids zu helfen, zwischen wahren Freunden und Schönwetterfreunden zu unterscheiden. Schönwetterfreunde sind Leute, die da sind, solange alles gut läuft, aber von der Bildfläche verschwinden, wenn es hart auf hart geht. Gegen Schönwetterfreunde ist nichts einzuwenden, aber es trifft uns – und tricky Kids besonders –, wenn wir das eine mit dem anderen verwechseln. Wenn jemand, den sie für einen wahren Freund hielten, sich als Schönwetterfreund entpuppt, neigen stressige Kids manchmal dazu, die volle Kraft ihrer Persönlichkeit gegen diese Person zu richten. Es ist sehr wichtig für sie, zu lernen, dass Schönwetterfreude keine schlechten Menschen sind. Dann werden ihre Freundschaften Bestand haben und die Höhen und Tiefen des Lebens überdauern.

Es gibt noch eine andere Kategorie von Freunden, die manche stressige Kids anziehen: Schlechtwetterfreunde. Das sind Leute, die großes Interesse an einem zeigen, solange man in Schwierigkeiten steckt, aber sobald man diese überwunden hat und es einem wieder besser geht, wollen sie einen nicht mehr kennen. Machen Sie Ihrem Kind begreiflich, dass es eben verschiedene Arten von Freunden gibt. Erzählen Sie Geschichten, die Sie selbst erlebt haben. Helfen Sie Ihrem Kind zu verstehen, dass nicht alle Freundschaften ein Leben lang halten.

Stressige Kids überschätzen manchmal die Anzahl der Freunde, die andere Leute haben, was zur Folge hat, dass sie sich für unbeliebt halten. In meiner Praxis frage ich Kinder und Jugendliche oft, wie viele wirklich enge Freunde sie haben; im Durchschnitt sind es zwei.

## Zum Mitnehmen

- Finden Sie heraus, ob Ihr Kind ein »Hitzkopf« ist oder seine Wut mit »kühlem Herzen« zeigt.
- Überlegen Sie sich Strategien für Situationen, in denen Ihr Kind den Siedepunkt überschreitet, und bringen Sie sich und Ihrem stressigen Kind Beruhigungstechniken bei.
- Wahres Glück entsteht, wenn wir ganz in dem aufgehen, was wir gerade tun, und dabei in einen Zustand des »Flow« geraten.
- Stressige Kids haben oft Stärken, die ihnen später von großem Nutzen sein werden, aber während der Kindheit nicht geschätzt werden.
- Leben Sie vor, wie man anderen ein guter Freund ist; die Fähigkeit, gut mit anderen auszukommen, ist im Leben wesentlich.
- Helfen Sie Ihrem Kind, seine eigenen Stärken und Talente zu erkennen.
- Helfen Sie ihm, zwischen wahren Freunden, Schönwetterfreunden und Schlechtwetterfreunden zu unterscheiden.

#  Teil 5
# Knifflige Themen

Im Leben läuft selten alles glatt. In den meisten Familien gibt es zwei gegensätzliche Positionen: Die einen wollen, dass sich etwas ändert, die anderen wollen, dass alles bleibt, wie es ist. Das erste Team sagt Dinge wie: »Ich will öfter weggehen«, »Ich will mehr Taschengeld« oder »Es ist mir peinlich, mit dir zusammen gesehen zu werden«. Das andere Team sagt Sachen wie: »Dafür bist du noch nicht alt genug« oder »Morgen ist Schule, deshalb bleibst du heute Abend zu Hause«.

Bei stressigen Kids bekommen diese Diskussionen noch eine zusätzliche Würze.

Auch wenn Sie die in diesem Buch vorgeschlagenen Veränderungsstrategien einsetzen, wird es Höhen, Tiefen und Rückschläge geben. Verzweifeln Sie nicht. In Teil 5 finden Sie Vorschläge für die Bewältigung von gelegentlichen Rückschlägen und Hilfestellung bei Problemen wie Gewalt, Depression, Gruppenzwang oder Perfektionsmus.

# 23 Wenn Sie nicht weiterkommen

Die folgenden Leitsätze können hilfreich sein, wenn Sie meinen, dass Sie immer wieder vor demselben Problem stehen.

## 1. Treten Sie einen Schritt zurück und gestehen Sie die Niederlage ein

Gewinnen Sie etwas Abstand! Dann können Sie schauen, ob vielleicht Ihr eigenes Verhalten zum Fortbestehen des Problems beitragen könnte. Wenn Sie das Gefühl haben, dass Sie nicht weiterkommen, hilft es vielleicht, sich einmal zu überlegen, was passieren könnte, wenn Sie das Gegenteil von dem tun, was Sie jetzt tun. Das ist nicht immer möglich; aber manchmal ist es gut, sich einzugestehen, dass es auch nichts nützen wird, einfach so weiterzumachen wie bisher.

## 2. Das Problem ist das Problem

Suchen Sie die Schuld nicht bei sich oder Ihrem Kind, verschwenden Sie keine Zeit auf Vorwürfe oder Selbstvorwürfe. Nicht Sie oder Ihr Kind sind das Problem, sondern eben das Problem – sei es Aggressivität, fehlende Motivation, Drogen, Alkohol oder Schulversagen.

Es hat wenig Sinn, sich mit der Frage zu beschäftigen, warum ein Problem existiert; wichtiger ist es, herauszufinden, wie man es loswerden könnte. Nutzen Sie Ihre Energie stattdessen dafür, eine Veränderung zu bewirken.

## 3. Achten Sie einmal bewusst darauf, wann das Problem nicht auftritt

Manchmal drückt uns die Last eines Problems so, dass wir gar nicht darauf achten, in welchen Situationen es nicht auftritt. Es kann hilfreich sein, Tagebuch zu führen und sich zu notieren, was genau los war, wenn das Problemverhalten entweder aufhörte oder gar nicht auftrat. Wenn Sie das herausfinden können und dafür sorgen, dass solche Umstände öfter eintreten, wird das Problem seltener auftreten.

Sie könnten sich beispielsweise fragen:

- »Wann macht sie freiwillig ihre Hausaufgaben?«
- »Was ist anders, wenn wir nicht streiten?«
- »Mit wem streitet sie sich nicht? Warum nicht?«
- »Was ist los, wenn er plötzlich motiviert ist?«

## 4. Verhalten ist mit der Reaktion darauf verknüpft

Tricky Kids agieren oft vor Publikum: ihren Eltern. Versuchen Sie unbedingt, das Verhalten des Kindes zu ändern, aber wenn das nicht klappt, versuchen Sie, anders darauf zu reagieren. Fragen Sie sich, wie in Punkt 1 schon erwähnt, was passieren würde, wenn Sie das Gegenteil von dem täten, was Sie normalerweise tun, wenn das Problem auftritt. Manchmal ist das nicht angemessen, aber es könnte ein Anreiz für Sie sein, produktiver darüber nachzudenken, wie Sie Ihre Reaktion ändern könnten.

## 5. Setzen Sie sich kleine Ziele

Überlegen Sie, was die kleinstmögliche Veränderung wäre, die Sie erreichen können. Versuchen Sie nicht, das Problem in einem Schritt zu lösen.

Wenn wir nicht weiterkommen, liegt das häufig daran, dass wir versuchen, ein ganzes Problem auf einmal zu lösen. Hingegen kommt meistens etwas in Bewegung, wenn wir geringfügige Veränderungen im Alltag vornehmen. Oft reichen ganz einfache Dinge. Fragen Sie sich: »Was ist die kleinstmögliche Veränderung, die ich vornehmen könnte? Was könnte eine positive Auswirkung haben?«

## 6. Schauen Sie auf das Kind, nicht auf sein Verhalten

Wenn ein Problem immer wieder auftritt, verliert man leicht das gute Eltern-Kind-Verhältnis aus den Augen. Im Allgemeinen ist nicht das Kind das Problem, sondern ein bestimmtes Verhalten. Ob das nun Wut, Angst, Eifersucht oder Tobsuchtsanfälle sind – alle leiden darunter, auch das Kind oder der Jugendliche. Lassen Sie nicht zu, dass ein Problemverhalten das Kind in Ihren Augen unsichtbar macht.

## 7. Seien Sie nicht so berechenbar wie der Waschgang der Waschmaschine

Tricky Kids wissen oft schon, was die Eltern tun werden, bevor die noch den Gedanken gefasst haben. Wenn Sie nicht weiterkommen, suchen Sie nach einer Möglichkeit, einmal etwas ganz anders zu machen. Eine kluge alte Redewendung sagt: Verrücktheit ist, wenn man immer wieder dasselbe tut, aber ein anderes Ergebnis erwartet.

## 8. Suchen Sie sich Hilfe

Manche Probleme sind zu groß, zu besorgniserregend oder zu ernst, um alleine bewältigt zu werden, und es ist wichtig zu erkennen, wann die Dinge außer Kontrolle geraten sind und man Hilfe von außen braucht. Die Ratschläge anderer Eltern sind hier von unschätzbarem Wert. Es erfordert zwar Mut, jemanden zu fragen, was er denn in dieser Situation tun würde, aber Sie werden überrascht sein, wie geschmeichelt die Leute reagieren werden.

Es kann jedoch auch professionelle Hilfe notwendig sein, wenn das langfristige Wohlergehen der Familie auf dem Spiel steht – etwa bei körperlicher Gewalt, Depression, selbstgefährdenden Tendenzen oder Suizidgefahr.

### Zum Mitnehmen

Jede Familie kann mal mit ihren Problemen auf der Stelle treten. Um wieder voranzukommen, sollten Sie:
- einen Schritt zurücktreten,
- daran denken, dass das Problem das Problem ist,
- bewusst darauf achten, was los war, wenn das Problem nicht auftrat,
- wissen, dass Problemverhalten gerne vor Publikum gezeigt wird,
- sich kleine Ziele setzen,
- auf das Kind schauen, nicht auf sein Verhalten,
- etwas anders machen,
- wenn nötig, Hilfe bei anderen Eltern oder professionellen Rat suchen.

# 24 Gewalt und Depression

Gewalt und Depression sind zwei der größten Befürchtungen von Eltern stressiger Kids: Diese Kids ziehen manchmal Aggression an, und sie sind auch ziemlich anfällig dafür, depressiv zu werden – genau wie ihre Eltern!

## Gewalt und Missbrauch

Niemand sollte Gewalt erfahren müssen. Gewalt innerhalb der Familie beschädigt Herz, Geist und Seele aller Beteiligten, und wenn sie nicht in Grenzen gehalten werden kann, können die Beteiligten nicht weiter zusammenleben. Unter den Begriff Gewalt fallen zwar auch Beschimpfungen und seelische Grausamkeit, emotionale Misshandlung und Vernachlässigung, aber körperliche Aggressivität ist schrecklich schädigend für junge Menschen. Ein großer Teil der jungen Leute, die nach einem Selbstmordversuch zu mir kamen, hatten jahrelang Konflikte in der Familie erlebt, aber sie versuchten erst, sich das Leben zu nehmen, nachdem es im Streit zu körperlicher Gewalt gekommen war.

Häusliche Gewalt hat gravierende Folgen für Kinder, selbst wenn sie nicht direkt betroffen sind. Sie ist ein klarer Hinweis darauf, dass irgendeine Form professioneller Hilfe nötig ist.

Sexueller Missbrauch innerhalb einer Familie ist unglaublich traumatisierend und verwirrend, so sehr, dass es die Betroffenen buchstäblich verrückt machen kann. Holen Sie sich in einem solchen Fall unbedingt Hilfe. Die Frage, wie man jungen Leuten beisteht, die sexuellen Missbrauch erlebt haben, kann Bücher füllen. Es ist jedoch nahezu unmöglich für betroffene Familien, sich ohne Hilfe eines guten Therapeuten wieder zu erholen.

## Depression

Auch wenn stressige Kids starke Depressionen zeigen, sollte man sich unbedingt an einen Arzt, einen Psychotherapeuten oder an eine Beratungsstelle wenden. Während der Pubertät kommt es häufiger als sonst zu Selbstabwertung, Lethargie und Depressionen.

Zögern Sie nicht zu handeln: Je länger stressige Kids in einem emotionalen Zustand bleiben, desto vertrauter wird er ihnen. Es ist nicht sinnvoll, ein bedrücktes Kind eine Weile seiner Traurigkeit und Verzweiflung zu überlassen. Bei stressigen Kids wachsen sich solche Probleme selten einfach von allein aus!

Heute werden mehr junge Leute als je zuvor depressiv, und es fängt immer früher an. In der mittleren Adoleszenz (15–17 Jahre) leiden besonders viele Jugendliche unter einer Depression; bei jungen Frauen treten Depressionen mindestens zweimal so häufig auf wie bei jungen Männern. Manche junge Leute werden schon sehr früh depressiv.

Bedrückend ist, dass jemand, der einmal eine Depression erlebt hat, mit höherer Wahrscheinlichkeit wieder depressiv werden wird und auch eher dazu neigt, andere Probleme wie Suchtverhalten zu zeigen.

Es gibt einige Warnzeichen, die auf Suizidgefahr hindeuten können. Das wahrscheinlich wichtigste Warnsignal ist, dass das Kind ein verändertes Bewältigungsverhalten zeigt. Manche Betroffene entscheiden sich nach einer Phase der Niedergeschlagenheit und Depression für den Freitod, schalten dann aber auf unerklärliche Weise gegenüber dieser Entscheidung ab. Als Folge davon sind sie plötzlich gelöst und zufrieden. Diese Jugendlichen sollte man direkt auf Suizidpläne ansprechen, da die Entscheidung, sich das Leben zu nehmen, bis zu einem solchen Grad unterdrückt sein kann, dass sie ihnen gar nicht mehr bewusst ist. Nur indem man sie durch direkte Befragung aufrüttelt, können sie darüber sprechen.

Auch jedes Verhalten, das als Vorbereitung dafür dienen könnte, sich das Leben zu nehmen, sollte hinterfragt werden. Manche Familien berichten, dass Kinder in den Wochen vor einem Suizidversuch seltsame Gewohnheiten annahmen, beispielsweise in den Kleidern schliefen, mitten im Winter nachts die Fenster offenstehen ließen, Friedhöfe besuchten, nur unregelmäßig zur Schule gingen oder sich nicht mehr regelmäßig wuschen. Anderen Eltern fiel auf, dass ihre Kinder bedrückt und antriebsarm wirkten oder großzügig persönliche Dinge verschenkten.

Wenn im Verhalten Ihres Kindes eine unerklärliche Veränderung eintritt und Sie sich noch größere Sorgen machen als sonst, fragen Sie nach. Es ist jedenfalls besser, überzureagieren und sich Hilfe zu holen, als zu wenig zu tun. Wenn ein Kind sagt, dass es das Leben nicht mehr lebenswert finde, bestehen Sie darauf, dass es mit Ihnen zu einem Arzt oder einer Psychologin geht. Wenn es sich weigert, zerren Sie es mit. Weigert es sich immer noch, ziehen Sie einen Experten zu Rate, dem Sie vertrauen.

Das häufigste Warnzeichen ist Hoffnungslosigkeit und Depression. Die kindliche Depression unterscheidet sich von der Depression bei Erwachsenen. Während Erwachsene über Traurigkeit klagen, sprechen Kinder und Jugendliche vielleicht eher davon, dass sie sich langweilen oder »abgenervt« sind; sie sind in reizbarer Stimmung, und es ist schwerer, mit ihnen auszukommen. Die Konzentration leidet, oder sie nehmen verstärkt Drogen und werden entweder fast völlig inaktiv oder zeigen unruhiges Verhalten, und oft lässt der Appetit nach. Andere schreiben düstere Gedichte, sprechen vom eigenen Tod und hören morbide Musik.

Da die meisten stressigen Kids, die depressiv werden, sowieso schon nicht die Fröhlichsten waren, kann es sehr schwer sein, herauszufinden, ob sie sich tatsächlich hoffnungsloser fühlen als gewöhnlich. Wenn die Hoffnungslosigkeit alle Lebensbereiche zu durchdringen scheint und sie nicht mehr in der Lage sind, die Selbstversunkenheit abzuschütteln oder die Gefühle anderer zu berücksichtigen, ist es an der Zeit, sich Sorgen um ihr Wohlergehen zu machen.

Auch mangelnde Sorge für die eigene Sicherheit ist ein Warnsignal. Erhöhtes Risikoverhalten wie Drogen- oder Alkoholmissbrauch, riskantes sexuelles Verhalten, bewusste Selbstschädigungen und gefährliches Fahren sollten immer als mögliche Hinweise auf Depression und Verzweiflung gesehen werden.

### Zum Mitnehmen

- Nehmen Sie Gewalt und Depression ernst. Es ist besser, überzureagieren und sich Hilfe zu holen, als zu wenig zu tun.
- Wenn Ihr Kind sich sträubt und keinen Experten aufsuchen will, sagen Sie zu ihm: »Ich finde es wichtig, dass du wenigstens ein Mal mitkommst und mit der Ärztin/dem Psychologen sprichst, damit ich weiß, ob ich mir Sorgen machen soll oder nicht.«

# 25 Vom Lügen zur Ehrlichkeit

Manche tricky Kids tun, was immer nötig ist, einschließlich lügen, um das zu bekommen, was sie wollen. Sie müssen lernen, dass durch Ehrlichkeit mehr zu gewinnen ist als durch Unehrlichkeit.

### Flunkern, Aufschneidereien und faustdicke Lügen

Mit drei Jahren fangen manche Kinder an zu lügen. Mit vier Jahren wissen sie, dass es falsch ist, jemanden hinters Licht zu führen, verstehen aber noch nicht richtig, warum es falsch ist. Weiter unten finden Sie eine Übersicht über das kindliche Verständnis von Ehrlichkeit in den verschiedenen Altersstufen.

Es gibt die unterschiedlichsten Lügen. Da ist die unverfrorene Lüge, die gezielt täuschen und hinters Licht führen soll, es gibt raffinierte Notlügen, und es gibt nichtssagende Antworten. Hier ist ein Beispiel für Letzteres:

»Wie war die Party?«
»Gut.«
»Wer war denn alles da?«
»Alle.«
»Und was habt ihr so gemacht?«
»Nicht viel.«

Die meisten Menschen lügen gelegentlich – wir wollen doch nicht den Weihnachtsmann, die Zahnfee und den Osterhasen vergessen! Aber wenn Lügen zur Gewohnheit wird, untergräbt es das Vertrauen und Wohlwollen in der Familie. Eltern berichten oft, dass sie sich ausgenutzt und missbraucht fühlen, wenn ihr Kind häufig lügt. Gewohnheitsmäßiges Lügen wird oft mit Stehlen, schlechtem Umgang, Vandalismus und Schuleschwänzen in Verbindung gebracht.

# Der Weg zur Ehrlichkeit

Tricky Kids, die gewohnheitsmäßig lügen, sind meist schon einige Zeit damit durchgekommen; manchmal fangen sie bereits an, ihre eigenen Lügen zu glauben. Also, wie können wir sie auf den Pfad der Ehrlichkeit zurückbringen?

Bauen Sie zuerst eine Familienkultur auf, in der von allen erwartet wird, dass sie auch tun, was sie versprochen haben. Sie werden das Ihren Kindern vorleben müssen.

Das Zweite ist die Regel: Ausreden gelten nicht. Ausreden sind eine Brutstätte für Lügen. Entweder man tut etwas oder man tut es nicht – Ausreden gelten nicht.

Drittens: Eltern müssen beurteilen können, ob Kinder die Wahrheit sagen. Wenn Sie Zweifel an etwas haben, das Ihr Kind Ihnen erzählt, verschränken Sie die Arme, schauen es ernst an und sagen: »Ich weiß nicht genau, ob ich dir das glauben kann. Überzeug mich.«

Viertens: Es ist selten sinnvoll, zornig zu reagieren, wenn ein Kind Lügen erzählt. Besser ist es, man sagt etwa: »Das war sehr kreativ (oder fantasievoll). Und jetzt erzähl mir etwas, das ich glauben kann.« Stressige Kids kommen am besten zurecht, wenn sie glauben, dass ihre Eltern Augen im Hinterkopf haben und sich nicht täuschen lassen.

Fünftens: Wenn ein Kind bei einer Lüge ertappt wird, muss es in irgendeiner Weise Wiedergutmachung leisten und damit das Vertrauen wiederherstellen.

Wie Sie an der Aufstellung unten ersehen können, wandelt sich das kindliche Verständnis von Ehrlichkeit mit zunehmendem Alter. Vielleicht gibt Ihnen das Anregungen dafür, wie Sie Ihrem Kind helfen können.

*Das kindliche Verständnis ...*

| Alter | Verständnis von dem, was richtig ist | Grund dafür, »gut« zu sein |
|---|---|---|
| 4 | Ich will meinen Kopf durchsetzen – Grundsatz der Fairness. | Belohnt werden und Strafen vermeiden. |
| 5–6 | Tun, was einem gesagt wird (von Erwachsenen). | Keinen Ärger bekommen – »Wie würde ich mich fühlen, wenn jemand mich anlügt?« |
| 6–8 | Man tut anderen das an, was sie einem angetan haben. | »Was ist da für mich drin?«, »Wie du mir, so ich dir«-Mentalität |
| 8–12 | Den Erwartungen anderer gerecht werden, anderen gefallen. | Andere sollen gut von mir denken, und ich will gut von mir selbst denken können. Erwachsene haben nicht immer recht. Selbstbild als guter Mensch – wird lügen, um Unannehmlichkeiten zu vermeiden. |
| 12–14 | Hat ein klares Verständnis von Richtig und Falsch, aber wird lügen, um beliebt zu bleiben oder um zu täuschen. Kann lügen, indem es etwas für sich behält. | Loyalität gegenüber Freunden. Selbstbild als guter Mensch. |
| 15–16 | Der Unterschied zwischen Richtig und Falsch ist intellektuell klar, wird aber nicht immer in letzter Konsequenz durchdacht. | Die Wahrheit kann als etwas betrachtet werden, das manche Leute verdient haben und andere nicht. |
| 17–... | Den Verpflichtungen gegenüber Freunden, der Familie und der Gesellschaft nachkommen. | Ehrlichkeit ist ein positives Merkmal eines guten Menschen. |

## ... von Wahrhaftigkeit

### Haupt-Erziehungsstrategie

Erwarten Sie nicht, bei Vorschulkindern echtes Verständnis für Wahrheitsliebe zu wecken. Wenn das Kind eine unzutreffende Version eines Geschehens wiedergibt, erinnern Sie es gelassen daran, wie es tatsächlich war.

Bauen Sie eine Familienkultur der Wahrheitsliebe auf, indem Sie nicht zulassen, dass irreführende Informationen oder hinterhältiges Verhalten positive Folgen für die Kinder haben.

Fangen Sie an, Mitgefühl zu wecken, indem Sie fragen, wie dem Kind wohl zumute wäre, wenn es sich in dieser Lage befände. Erklären Sie, was für Folgen es hätte, wenn alle lögen.

Freundschaftsmuster können sich in dieser Altersstufe verändern. Bringen Sie Ihrem Kind daher bei, dass Ehrlichkeit in Freundschaften sehr wichtig ist. Wenn es zu Konflikten mit Freunden kommt, stellen Sie klar, dass es falsch ist, andere schlechtzumachen oder Gerüchte zu verbreiten.

Die kritische Zeit für den Aufbau von Wahrhaftigkeit. Geben Sie dem Kind Gelegenheit, sich als vertrauenswürdig zu erweisen, aber bleiben Sie wachsam. Sagt Ihr Kind beispielsweise, dass es bei Harry übernachten möchte, antworten Sie: »Okay. Gibt es noch etwas, das ich wissen sollte, bevor ich seine Eltern anrufe?«

Helfen Sie ihm, die Folgen einer Verhaltensweise abzuwägen, indem Sie Fragen stellen wie:»Was glaubst du, würde passieren, wenn ...?«

Gelegenheit zum Engagement für andere bzw. ehrenamtliche Arbeit anbieten (nicht alle erreichen dieses Stadium).

## Lügen und die verschiedenen Typen stressiger Kids

### Ränkeschmiede
Manche Ränkeschmiede lügen, um andere zu beeindrucken und selbst gut dazustehen. Machen Sie klar, dass es völlig ausreicht, wenn sie ihr Bestes geben. Loben Sie Ehrlichkeit.

### Wortverdreher
Bei Wortverdrehern sollten Sie eine klare Politik verfolgen. Betonen Sie nicht den Fehler, den das Kind gemacht hat, sondern sorgen Sie dafür, dass er wieder in Ordnung gebracht wird.

### Besser-sein-Woller
Die Lügen von Besser-sein-Wollern sind oft Aufschneidereien, und sie glauben manchmal, dass sie ihre eigenen Prahlereien wahrmachen müssen. Lassen Sie sie nicht zu ausführlich über ihre großen »Siege« erzählen.

### Diskutierer
Solange keine klaren Beweise für eine Lüge vorliegen, verzichten Sie besser auf Konsequenzen. Sprechen Sie das Kind auf Ihre Beobachtungen an.

### Draufgänger
Bei Draufgängern kann Lügen dramatische Folgen haben. Wenn das Lügen zu einem Muster wird, kann es zu hochgradig riskantem Verhalten in unbeaufsichtigten Situationen führen.

### Passive Widerständler
Für passive Widerständler kann Lügen eine Methode sein, Verantwortung und Teilhabe am Leben aus dem Weg zu gehen. Es kann vorkommen, dass sie Krankheit vorschützen, um Unternehmungen mit der Familie und andere soziale Aktivitäten zu vermeiden. Behalten Sie Ihr Kind im Auge, und wenn diese Ausrede zur Gewohnheit wird, stellen Sie es einem Arzt vor.

## Zum Mitnehmen

- Lügen ist ein häufiges Thema bei stressigen Kids.
- Die Gründe, aus denen Kinder lügen, ändern sich, wenn sie heranwachsen, und daher müssen die Strategien, die Eltern einsetzen, um Vertrauen und Ehrlichkeit aufzubauen, sich ebenfalls ändern.

# 26 Gruppenzwang

Die Freunde, die Ihr stressiges Kind sich aussucht, werden nicht immer die idealen Kameraden sein, auf die Sie als Eltern gehofft hatten. Die Lösung ist, dafür zu sorgen, dass Ihr Kind nicht nur zu einer einzigen Clique gehört, sondern Gelegenheit erhält, auch anderswo Kontakte zu knüpfen.

## Die geheime Welt

Erziehung ist heutzutage anders und beängstigender, weil es so viel gibt, von dem Erwachsene keine Ahnung haben. Es ist fast unmöglich für Eltern zu verfolgen, was da über Handy, E-Mail und SMS alles läuft.

Viele tricky Kids leben in zwei Welten: der der Gleichaltrigen, in der sie cool und berechnend sein müssen, und der Welt der Familie, in der sie noch jung sein und Fehler machen dürfen. Eltern sollten nicht erwarten, dass stressige Kids sich in Gesellschaft Gleichaltriger ebenso geben wie bei ihnen.

## Die Freunde der Kinder kennenlernen

Entscheidend ist, dass Sie die Freunde Ihrer Kinder kennenlernen. Wenn Sie die Freunde und, wenn möglich, auch deren Eltern kennen, befinden Sie sich in einer viel stärkeren Position. Laden Sie sie ein, etwa zum Pizzaessen oder zum Grillen, und freunden Sie sich mit ihnen an.

Vergessen Sie nicht, dass der Einfluss der Gruppe nicht zwangsläufig negativ sein muss. Wenn es Ihnen gelingt, ein positives Verhältnis zu einigen wichtigen Personen im Leben Ihres Kindes aufzubauen, erhöhen Sie die Chance, dass der Einfluss positiv sein wird.

## Gruppenzwang, der Eltern Sorgen macht

»Bist du noch Jungfrau?«
»Versuch doch mal diese Droge, die ist echt cool.«
»Wollen wir nicht das Auto da klauen und eine Spritztour unternehmen?«
»Du bist viel zu dick, mach doch mal eine Diät.«
»Du bist hässlich.«

Das verschafft allen Eltern schlaflose Nächte. Die Welt der Freundschaft ist für viele Kinder in Wahrheit eine Welt erbarmungslosen, rachsüchtigen, hässlichen Konkurrenzdrucks. Ihr Kind wird manchmal schreckliche Sachen zu hören bekommen.

Tricky Kids können besonders anfällig für die Einflüsse anderer sein. Bringen Sie Ihrem Kind bei, zwischen einer Meinung und der Realität zu unterscheiden. Sprechen Sie dazu etwa eine Meinung aus, die die meisten Leute wahrscheinlich nicht teilen werden. Fordern Sie Ihr Kind auf, über eine Ansicht zu sprechen, die es hat, und regen Sie einen Disput darüber an.

Es gibt eine Übung, die ich oft mit Kindern und Jugendlichen mache, wenn sie sich Gedanken machen, was andere Leute wohl von ihnen halten. Ich lege ihnen zehn Fotos aus Zeitschriften vor und bitte sie, diese zehn Personen nach ihrer Schönheit zu bewerten, und dann fordere ich sie auf, ihre Rangliste mit der anderer Leute zu vergleichen. Es ist nicht immer leicht, ihnen klarzumachen, dass es nichts als Ansichtssache ist, ob jemand schön ist oder nicht, aber das Ziel ist, sie zumindest begreifen zu lassen, dass nicht alles, was andere Leute sagen, wahr ist.

Erklären Sie Ihrem Kind, dass es nicht alles glauben darf, was andere Leute über ihn oder sie sagen. Schlagen Sie vor: »Wenn du dir wirklich Gedanken deswegen machst, überprüf es, indem du auch andere fragst.«

## Gruppenzwang in den verschiedenen Alterstufen

Der Wunsch nach Zugehörigkeit ist die treibende Kraft hinter allem Gruppenzwang. Das Zugehörigkeitsgefühl von Kindern und Jugendlichen kann gesund oder verzerrt sein (siehe Kapitel 15).

Vorschulkinder spielen unabhängig voneinander, so dass es im Allgemeinen wenig Gruppenzwang gibt. In dieser Phase sind die Hauptthemen Aufmerksamkeit und die Bereitschaft, ein Spielzeug auch mal abzugeben.

Im Schulalter wird das Spiel mit Gleichaltrigen wichtig, wobei normalerweise Geschlechtertrennung herrscht. Es wird genauestens verfolgt, wer zu Geburtstagen oder Übernachtungspartys eingeladen wird und wer nicht. Die Mädchengruppen sind enger verbunden, exklusiver und statusbewusster als die Jungscliquen. Mit Beginn der Pubertät wird der Grad der körperlichen Entwicklung wichtig.

## Neue Kontakte knüpfen

Die Freunde Ihres Kindes kennenzulernen, ist eine Möglichkeit, negativem Gruppenzwang zu begegnen; eine andere Möglichkeit ist, ihn abzuschwächen. Wenn Sie dafür sorgen, dass Ihr Kind möglichst unterschiedliche Freunde hat, tragen Sie nicht nur zu seiner Resilienz bei, sondern es wird sich auch weniger leicht auf Abwege führen lassen. Strategien für die Abschwächung des Einflusses einer bestimmten Clique sind beispielsweise Reisen, Jugendgruppen, vermehrter Kontakt mit gleichaltrigen Cousins und Cousinen, ein Schulwechsel oder, in extremen Fällen, ein Umzug an einen neuen Wohnort.

## Gruppenzwang und die verschiedenen Typen stressiger Kids

### Ränkeschmiede
Ränkeschmiede können diejenigen sein, die negativen Gruppenzwang auf andere ausüben. Bringen Sie Ihrem Kind bei, offen und direkt im Umgang mit anderen zu sein. Zeigen Sie null Toleranz, wenn es Gerüchte verbreitet, andere schikaniert oder hinter dem Rücken anderer schlecht über sie redet.

### Wortverdreher
Wortverdreher gelten bei anderen oft als »cool«. Beherzigen Sie die Grundregel und verhandeln Sie niemals vor Gleichaltrigen mit ihnen.

### Besser-sein-Woller
Diese Kinder, die den Druck empfinden, besser zu sein als alle anderen, können deshalb einsam sein und verletzlich gegenüber Schikanen von anderen. Helfen Sie Ihrem Kind, zwischen Gutwetterfreunden und echten Freunden zu unterscheiden.

### Diskutierer
Diese Kids lassen sich häufig von Gleichaltrigen manipulieren. Ihr natürlicher Mut kann sie bewegen, für Leute, die es nicht ehrlich meinen, in die Schlacht zu ziehen.

### Draufgänger
O je! Eine Gruppe von Draufgängern, die zusammen herumhängen, löst bei Eltern begründete Sorge aus. Versuchen Sie sicherzustellen, dass Ihr Kind auch ein paar ruhigere Typen als Freunde hat. Wenn ein Draufgänger sich mit anderen Draufgängern treffen will, sorgen Sie dafür, dass es unter Aufsicht geschieht, beispielsweise im Sportverein.

### Passive Widerständler
Eine beste Freundin oder ein bester Freund kann für passive Widerständler enorm wichtig sein. Es kommt häufig vor, dass diese Kids sich eine Zeit lang mit jüngeren Kindern an-

freunden. Versuchen Sie, Ihr Kind mit Menschen ganz unterschiedlichen Alters zusammenzubringen; vielleicht findet sich ja unter Ihren eigenen Freunden jemand, mit dem es sich versteht.

### Zum Mitnehmen

- Lernen Sie die Freunde Ihrer Kinder kennen und freunden Sie sich mit ihnen an.

# 27 Perfektionismus

Perfektionismus ist der größte Motivationskiller, der mir bekannt ist. Wenn wir dieses Problem nicht frontal angehen, wird es viele stressige Kids davon abhalten, Neues auszuprobieren.

## Streben nach Perfektion

Misst Ihr Kind den Fehlern, die es macht, mehr Bedeutung zu als dem, was es richtig macht? Hat es eine unrealistische Erwartungshaltung an alles, was es tut? Ist es für Ihr Kind eine Katastrophe, wenn es eine Eins minus statt einer Eins plus bekommt? Regt es sich über alles auf, was nicht perfekt hinhaut? Falls ja – willkommen in der Welt der Perfektionisten.

Perfektion ist wie der Topf voll Gold am Ende des Regenbogens – unmöglich zu erreichen. Salvador Dalí konstatierte einmal: »Keine Angst vor der Perfektion – sie ist sowieso unerreichbar.« Dennoch kann ihr Perfektionismus für viele stressige Kids zum Problem werden.

Perfektionismus kann eine Stressquelle sein oder ein Grund für positives Verhalten. Der Perfektionsdrang treibt manche Menschen zu Leistungen, die ihre kühnsten Erwartungen übertreffen. Kommt jedoch eine strafende Haltung dazu, kann er die Fantasie lähmen und den Geist brechen. Und etwas, was die Leistung steigert, muss sich nicht unbedingt positiv auf zwischenmenschliche Beziehungen auswirken.

Verstehen Sie mich nicht falsch: bei Zahnärzten, Piloten, Taxifahrern und Chirurgen schätze ich einen gewissen Grad an Perfektionismus sehr. Die Frage ist, wie stark der Perfektionismus Ihres Kindes ausgeprägt ist und wie er sich bei ihm auswirkt.

## Der Club der Zauderer und Zögerer

Immer alles aufschieben – das ist ein Problem, das alle Perfektionisten betrifft. Viele stressige Kids lassen sich von ihrem Perfektionismus lahmlegen: Sie haben solche Angst, etwas falsch zu machen, dass sie gar nichts hinbekommen. Manche scheuen auch aus lauter Perfektionismus vor Aktivitäten zurück, von denen sie glauben, dass sie nicht gut darin sein werden. Das kann ihr Leben sehr einschränken.

Eltern können solchen Kindern helfen, indem sie:

- *Mehr Spontaneität in Ihre Familienunternehmungen bringen.* Wenn Sie mit der Familie, einer Eingebung des Augenblicks folgend, zu einem Picknick aufbrechen oder urplötzlich und alle zu einem neuen Film ins Kino schleppen, lernt das perfektionistische Kind, dass auf dieser Welt nicht alles steuerbar ist.
- *Teilen Sie Aufgaben in viele kleine Mini-Aufgaben auf.* Anstatt die Aufmerksamkeit beispielsweise auf das Ergebnis eines Tennisspiels zu lenken, betonen Sie, wie gut die Aufschläge Ihres Kindes waren. Das erhöht auch das Bewusstsein dafür, *wie* etwas zu tun ist. Zu viel Betonung auf das Ergebnis zu legen verstärkt die Unsicherheit und reduziert die Leistung.
- *Schrittweise Verbesserung herausstellen.* Haben Sie ein Ziel vor Augen, aber betonen Sie die schrittweise Verbesserung. Ein gutes Beispiel ist der Schwimmer John Naber, der bei der Olympiade von 1972 zusah, wie Mark Spitz sieben Goldmedaillen gewann – unter anderem in 100 m Rücken, Nabers Disziplin. Naber hatte die Vision, 1976 in Montreal Gold zu gewinnen. Dazu musste er seine Bestzeit um vier Sekunden verbessern. Ihm blieben vier Jahre, um seinen Traum zu verwirklichen. Er rechnete sich aus, dass er in jedem Jahr um eine Sekunde schneller werden musste – bei zwei Trainingseinheiten pro Tag waren das lediglich 1/730 Sekundenbruchteile pro Trainingseinheit. 1976 errang Naber Gold.
- *Sich auf persönliche Erfolge konzentrieren.* Manche stressige Kids werden ihren Erfolg allein am Ergebnis messen, aber für

viele dürfte es am besten sein, als Maßstab des Erfolgs zu nehmen, ob sie sich auch richtig angestrengt haben.

## Perfektionismus und die verschiedenen Typen stressiger Kids

In diesem Bereich unterscheiden sich stressige Kids sehr voneinander. Manche, die unter Perfektionismus leiden, werden unsicher und quengelig, andere schlapp, antriebsarm und lustlos. Im Folgenden werden einige der häufigeren Muster beschrieben.

### Ränkeschmiede

Ränkeschmiede können so viel Erfolg mit ihren Manipulationen haben, dass sie anfangen zu glauben, sie würden die Welt beherrschen. Diese Kinder müssen lernen, dass im Leben nicht alles steuerbar ist, und das lernen sie am schnellsten, wenn die Eltern immer wieder spontan unerwartete Dinge tun.

### Wortverdreher

Diese Kids neigen am ehesten dazu, etwas zu vermeiden, weil sie fürchten, nicht gut genug zu sein. Da sie sich ihres Publikums so bewusst sind, ist es hilfreich, sie Aktivitäten zunächst allein ausprobieren zu lassen, fern von den Blicken Gleichaltriger.

### Besser-sein-Woller

Führen Sie die »Pizza-Theorie der Talente« ein: eine Pizza setzt sich aus vielen unterschiedlich belegten Stücken zusammen, und ebenso haben wir alle ganz unterschiedliche Talente. Einige haben eine oder zwei Sorten Belag, andere haben mehr. Manche haben vielleicht nur einen Belag, aber der ist höchst geschmacksintensiv. Es geht also nicht darum, mehr Talente zu haben als alle anderen – wichtig ist, was wir aus den Talenten machen, die wir haben.

### Diskutierer
Diese Kids verlangen instinktiv nach sozialer Gerechtigkeit, was heißt, dass sie gern eine vollkommene Welt hätten. Unterstützen Sie sie darin, den eigenen Wert nicht an ihren Zensuren zu bemessen. Wenn sie sich über etwas beschweren, helfen Sie ihnen, wirkungsvoll tätig zu werden.

### Draufgänger
Teilen Sie Aufgaben in viele kleine Mini-Aufgaben auf, und setzen Sie Zeitlimits ein. Nehmen Sie als Maßstab des Erfolgs, wie sehr Ihr Draufgänger sich auf diese Mini-Aufgaben konzentrieren kann.

### Passive Widerständler
Lassen Sie nicht zu, dass die passiven Widerständler sich völlig ausklinken. Diese Kids können zu dem Schluss kommen, dass der beste Weg, sich ihre Würde zu bewahren, der ist, erst gar nichts zu versuchen. Wenn die Familie ganz selbstverständlich von ihnen erwartet, dass sie irgendeinem Hobby nachgehen, etwa im Sportverein oder in der Musikschule, hilft ihnen das, sich nicht auszuschließen.

### Zum Mitnehmen

- Perfektionismus hindert Kinder daran, neue Dinge auszuprobieren, und schwächt ihre Resilienz.
- Bringen Sie mehr Spontaneität in Ihre Familienunternehmungen.

# 28 Sexualität

Die tricky Kids von heute gehören zu einer Generation, die mit sexuellen Bildern nur so bombardiert wurde. Manchmal scheint es, als verschwinde die späte Kindheit und als setze die Pubertät immer früher ein. Wir leben in einer Gesellschaft, in der die Kindheit wie eine Krankheit behandelt wird, die es so schnell wie möglich zu überwinden gilt.

Eltern stressiger Kids müssen wachsam sein und versuchen, die Zeit der Kindheit zu bewahren. Diese Kids sind oft bestrebt, Kindheitsinteressen möglichst schnell hinter sich zu lassen und sich in Aktivitäten zu stürzen, die eigentlich für Ältere gedacht sind.

Es nützt niemanden, wenn Kinder vor ihrer Zeit erwachsen werden. Eltern sollten versuchen, ihre Kids durch gemeinsame Unternehmungen an die Familie zu binden, manche Filme oder Computerspiele sollten sie untersagen. Die Welt übt ohnehin schon reichlich Druck auf Ihr Kind aus, vor der Zeit ein Sexgott oder eine Sexgöttin zu werden. Bei stressigen Kids führt eine zu frühe Einführung in diese Welt oft zu Risikoverhalten.

## Alternative Sexualität

Es ist für alle Jugendlichen schwer genug, ihre Sexualität zu entdecken, und für junge Menschen, die vermuten, dass sie schwul, lesbisch oder bi sein könnten, gilt das ganz besonders. Eine frühe Entdeckung dieser Gefühle führt häufig zu Verwirrung bei den jungen Menschen und ihren Eltern.

Oft wird dann versucht zu klären, ob diese Gefühle nur eine Phase sind, die der junge Mensch durchläuft, oder ob sie eine bleibende sexuelle Orientierung darstellen. Manche Schwule und Lesben sagen, dass sie sich schon mit 13 oder 14 ganz sicher waren, während andere ihr Leben lang darum ringen, ihre Gefühle von Anziehung und Begehren zu verstehen. Im Allgemeinen ist es nicht sonderlich hilfreich, junge Leute in die Kategorie »vorübergehende Phase« oder »bleibende Orientierung« einzuordnen.

Versuchen Sie zu verstehen, dass die Jugendlichen sich anfangs manchmal isoliert und verwirrt fühlen und sich ihrer eigenen Gefühle nicht sicher sind. Dieser Prozess kann ihr Selbstwertgefühl beeinträchtigen, wenn sie versuchen herauszufinden, wohin sie gehören. Sagen Sie Ihrem Teen dann, dass Sie ihn lieben und er in jedem Fall einen Ort hat, an den er gehört: sein Zuhause.

Bei der Erkundung ihrer alternativen Sexualität durchlaufen manche junge Leute einen Prozess, bei dem sie die Reaktionen anderer Menschen testen und höchst empfindlich darauf reagieren. Das ist eine Zeit wie eine Achterbahnfahrt, mit großen Höhen und einigen schrecklichen Tiefen. Eine Weile kann die sexuelle Orientierung für sie das Wichtigste in ihrem Leben werden, was in der Familie unter Umständen zu Konflikten führt.

Irgendwann wird für die meisten eine konkrete Liebesbeziehung wichtiger als die sexuelle Orientierung. Dann müssen sie nur noch mit den üblichen Problemen fertigwerden: den richtigen Partner finden, sich verlieben, sich entlieben, den nächsten richtigen Partner finden und so weiter. Ganz einfach, oder?

Auch für die Eltern von Jugendlichen, die schwere Zeiten durchmachen, kann das Leben unglaublich schwierig und stressig werden. Es ist dann ganz wesentlich, dass Sie sich die Hilfe holen, die Sie brauchen, um weiter alles bewältigen und mit gutem Beispiel vorangehen zu können.

### Zum Mitnehmen

- Die Mischung stressige Teens und Sex kann für Eltern beängstigend und beunruhigend sein.
- Es nützt niemandem, wenn Kids vorzeitig reifen.
- Ermutigen Sie Ihr Kind nicht zu altersunangemessenem sexualierten Outfit und Verhalten.

# 29 Überlebenskunst für Eltern

Michelangelo soll einmal gefragt worden sein, womit er sich seinen Lebensunterhalt verdiene. Er gab nicht zur Antwort, dass er Künstler sei, sondern beschrieb seine Bildhauer-Arbeit als einen Prozess des Abhauens von überschüssigem Stein, der die Schönheit der im Marmor verborgenen Figur verdecke. Sein Arbeit, so sagte er, bestehe nicht darin, etwas zu erschaffen, sondern etwas zu enthüllen, was bereits vorhanden sei. Das gilt genauso für die Erziehung stressiger Kinder und Jugendlicher.

Tricky Kids sind die Menschen, die unsere Welt verändern können. Genug Energie, Feuer, Schwung und Elan dafür haben sie. Sie sind vitale Überlebenskünstler. Wenn sie sich entfalten und der Mensch werden sollen, der sie eigentlich sind, brauchen sie Eltern, die mehr tun als nur überleben.

Eltern stressiger Kids und Teens brauchen gute Ohren, ein gutes Herz und einen guten »Geist«.

## Gute Ohren

Mit guten Ohren meine ich die Fähigkeit, das eigene innere Selbstgespräch zu beenden und dem Kind zuzuhören; die Nuancen der Geschichten zu hören, die es erzählt, die Werte, die es ausdrückt, die Hoffnungen, Träume und die Verzweiflung, die in ihnen verborgen liegen. Das ist eine Herausforderung, weil die meisten Leute, wenn sie ein Gespräch führen, entweder gerade reden oder darauf warten, dass sie wieder zu Wort kommen.

Befreien Sie sich von alltäglichen Vorurteilen und Vorstellungen. Es ist immer leichter, etwas vorauszusetzen, als richtig zuzuhören, aber stressige Kids sind eben nicht wie alle anderen: Sie haben Talente, Fähigkeiten und Verletzlichkeiten in einer einzigartigen, starken Mischung.

Eltern stressiger Kids müssen oft auf die Bedeutungen »hinter den Worten« hören, denn in der Hitze des Gefechts sagen stressige Kids oft unglaublich verletzende Dinge. Wenn Eltern in der Lage sind, die Unsicherheit hinter dem Gesagten wahrzunehmen, können sie auch in stürmischen Zeiten ruhig bleiben und das Wohlwollen in der Familie bewahren.

### Ein gutes Herz

Ein »gutes Herz« meint die Fähigkeit, Menschen voller Mitgefühl zu betrachten und das Positive an tricky Kids und ihren Aktionen zu sehen – das heißt, über das Verhalten hinauszublicken und zu erkennen, was die Kinder mit ihrem Verhalten in Wirklichkeit erreichen wollen.

Die enorme Energie vieler stressiger Kids kann bei manchen Erwachsenen den Drang auslösen, sie kontrollieren zu wollen. Wenn Eltern aber das große Potenzial dieser Kinder nicht aus den Augen verlieren und bereit sind, die Schönheit der im Stein verborgenen Figur zu enthüllen, können sie viele sinnlose Auseinandersetzungen vermeiden.

Eltern stressiger Kids bekommen jede Menge Ratschläge. Viele sind nicht gerade hilfreich, wie etwa Varianten von »Wer die Rute spart, verzieht das Kind«. Haben Sie Mitgefühl mit sich selbst, auch darauf bezieht sich das »gute Herz«. Niemand hat alle Antworten parat, was die Erziehung stressiger Kids angeht, aber keiner kennt Ihr Kind besser als Sie. Wir alle machen gelegentlich Fehler, verlieren die Beherrschung oder missachten Wissen darüber, was wichtig ist. Letztendlich zählt nicht, ob Sie die perfekte Mutter oder der perfekte Vater waren, sondern ob Sie bereit waren, zu tun, was Sie konnten, indem Sie Ihrem stressigen Kind ein grimmiger Freund waren und blieben, Fehler einräumten, immer das taten, was Sie gesagt haben, das Sie tun würden, und eine so positive Beziehung zu Ihrem Kind bewahrt haben, wie es eben möglich war.

Angeblich hat Mozart einmal ein Musikstück komponiert, das derart harmonisch, perfekt und technisch ausgefeilt war, dass es, nun ja, ein wenig seelenlos und langweilig wurde. Mozart schrieb das Musikstück noch einmal neu und fügte ein paar dissonante Passagen und ungewöhnliche Noten ein, um Spannung und Dramatik zu erzeugen. In gewisser Weise gilt das auch für uns Menschen: Es sind unsere Unzulänglichkeiten, die uns interessant machen.

## Guter »Geist«

Guter »Geist« setzt voraus, dass man sich Zeit für sich selbst nimmt. Kindererziehung ist der schönste und härteste Beruf, den es gibt, und die Erziehung von tricky Kids kommt dem Versuch gleich, in dunkler Nacht in einem Schneesturm ein Hindernisrennen zu laufen. Nehmen Sie sich die Zeit, gut zu schlafen und auf dem Laufenden darüber zu bleiben, was sonst so in der Welt vorgeht. Und bewahren Sie sich Ihren Humor. Das hilft Ihnen nicht nur, gelassen zu bleiben, Sie werden auch bessere Eltern sein.

Von Clarissa Pinkola Estés, der Autorin von »Die Wolfsfrau«, stammt ein wunderbarer Begriff: das »handgefertigte Leben«. Jeder Mensch ist ein bisschen wie ein Töpfer, der sein Leben formt und verziert. Es passiert leicht und ist manchmal unvermeidlich, dass das eigene Leben auch von anderen Menschen und Kräften geformt wird, aber dennoch ist man verpflichtet, sich die eigene Unverwechselbarkeit zu bewahren.

Tricky Kids streben oft stark danach, sich einzufügen, selbst wenn es sie die eigene Individualität kostet. Wenn sie Eltern haben, die sie in ihrer Eigenart stärken und sie die Kunst lehren, erfolgreich im Umgang mit anderen Menschen zu sein, aber Wert auf Originalität legen, hilft das den Kindern, ihre eigenen Stärken und Potenziale nicht aus den Augen zu verlieren. Eltern, die sich die eigene Einmaligkeit erhalten und sie schätzen, zeigen ihren Kindern, dass es vollkommen okay ist, man selbst zu sein.

Diese Kids müssen nicht »in Ordnung gebracht« werden; sie sind nicht kaputt. Aber man muss ihnen zeigen, wie sie ihre Stärken nutzen können, und sie müssen unterschiedliche Möglichkeiten der Interaktion mit der Welt lernen. Es muss ihnen jemand zeigen, wie man im Leben zurechtkommt, und niemand kann das besser als ihre Eltern.

Wenn Sie Ihr Leben selbst formen wollen, müssen Sie ein wenig subversiv sein: In einer Welt, die immer schneller wird, in der alle immer länger arbeiten und immer weniger lachen, ist es wichtig, nicht zu vergessen, dass es unsere Beziehungen zu anderen Menschen sind – und insbesondere zu unserer Familie –, die unserem Leben Sinn geben.

Es kann auch lohnend sein, sich selbst die vier Fragen zu stellen, die in vielen Formen traditioneller Heilung gestellt werden:

- »Wann hast du aufgehört zu singen?«
- »Wann hast du aufgehört zu tanzen?«
- »Wann hast aufgehört, zuzuhören und Geschichten zu erzählen?«
- »Wann wurde für dich der heilige Ort des Schweigens entzaubert?«

### Zum Mitnehmen

Sorgen Sie für sich selbst und Ihre geistige Gesundheit, indem Sie sich:
- gute Ohren,
- ein gutes Herz,
- einen guten »Geist« und
- einen gesunden Sinn für Humor bewahren.

# Teil 6
# Ein Anhang für Lehrerinnen und Lehrer von tricky Kids

In allen Schulen gibt es zwei Arten von Schülern.
1. die netten, freundlichen, liebenswerten Schüler und
2. die stressigen Schüler, die mit dem eigenen Kopf. Sie können hitzig und lebhaft, streitlustig und richtiggehend hinterfotzig sein.

Stressige Schüler sind keine schlechten Kids. Sie haben einfach ein bestimmtes Verhalten ausprobiert, hatten Erfolg damit und behalten es daher bei.

Es ist ein Paradox, aber die Schüler, die nach dem Schulabgang bemerkenswerte Dinge leisten, sind durchaus nicht immer die, die am leichtesten zu unterrichten waren. Stressige Schüler gibt es in allen Varianten, von liebenswerten Rackern bis zu absoluten Nervensägen. Sie alle haben ihre Stärken, aber wenn man sie falsch anpackt, können sie einem das Leben zur Hölle machen.

In diesem Anhang versuche ich, Ihnen zu helfen, häufige Verhaltensweisen stressiger Schüler zu erkennen und sich Strategien zu überlegen, die Sie einsetzen können, um sie dabei zu unterstützen, ihr volles Potenzial zu entfalten – und sich gleichzeitig Ihre geistige Gesundheit zu bewahren.

# Ein Instrumentarium
# für Lehrerinnen und Lehrer von Ränkeschmieden

*Wie man Ränkeschmieden hilft, sich zu ändern*
Glückwunsch, Sie haben ein intelligentes, zielbewusstes, ehrgeiziges Kind mit fantastischem Führungspotenzial in Ihrer Klasse.

Ränkeschmiede zu unterrichten erfordert ein gründliches Durchdenken der Situation. Zunächst einmal könnte es eine Weile dauern, bis Sie alle Ränkeschmiede in Ihrer Klasse ausfindig gemacht haben. Manche tarnen sich durch Nettigkeit. Manche werden zu den Überfliegern an Ihrer Schule gehören. Halten Sie Ausschau nach den Schülern, die den Ehrgeiz haben, alle anderen zu übertreffen, um fast jeden Preis. Halten Sie Ausschau nach den Kids, denen die Mitschüler mit Vorsicht begegnen. Es kommt vor, dass sehr beliebte Kinder Ränkeschmiede sind.

Nehmen Sie frühzeitig Kontakt zu den Eltern auf und ziehen Sie sie auf Ihre Seite. Wenn irgendetwas vorfallen sollte, macht ein positives Verhältnis zu den Eltern des kleinen Ränkeschmieds Ihre Aussicht auf Erfolg viel größer.

Vergessen Sie dabei nicht, dass viele Ränkeschmiede ohne die geringste Spur von schlechtem Gewissen lügen und jahrelange Übung darin haben, vor Erwachsenen gut dazustehen. Viele Eltern von Ränkeschmieden wollen nicht wahrhaben, das ihre Kinder zu irgendwelchen Missetaten in der Lage sein könnten, und einige werden das Fehlverhalten ihres Kindes entgegen jeder Vernunft entschuldigen. Sollte das der Fall sein, versuchen Sie nicht lange, die Unüberzeugbaren zu überzeugen. Richten Sie Ihre Energien lieber darauf, dem Kind zu helfen, in der Schule gut zurechtzukommen.

Ränkeschmiede haben jede Menge Fähigkeiten, die sie ausbauen können, und können später als Erwachsene viel für die Gesellschaft tun. Jedoch müssen sie lernen, ihre Tricksereien aufzugeben. Ränkeschmiede ändern sich, wenn sie endlich einen Erwachsenen treffen, der sie 1) durchschaut, 2) ihre Fähigkeiten wecken kann und 3) Augen im Hinterkopf hat.

Bei Ränkeschmieden empfehle ich, dass ein Mitglied des Lehrkörpers diesen Schüler als »persönliches Veränderungsprojekt« übernimmt. Diese Lehrperson wird den Ränkeschmied ständig im Auge behalten – so sehr, dass ihm kaum noch Bewegungsfreiheit bleibt.

Es ist immer faszinierend, in Schulen den Prozess zu beobachten, den Ränkeschmiede durchlaufen, wenn wir auf diese Weise vorgehen. Anfangs jammern und nörgeln sie und sagen Sachen wie: »Das ist nicht fair, warum muss ich bei Ihnen bleiben? Ich will mit meinen Freunden spielen!« Nach einer Weile jedoch gehen sie eine Bindung mit diesem Erwachsenen ein, die ganz anders ist als alle, die sie vorher gekannt haben. Das liegt daran, dass sie zum ersten Mal auf einen Erwachsenen gestoßen sind, der sie wirklich durchschaut. Die kleinen Ränkeschmiede empfinden das als tröstlich. Sie werden sich nicht immer sofort dankbar zeigen, aber meistens sind sie dadurch in der Lage, sich zu verändern und menschlich zu wachsen.

Setzen Sie im Unterricht strukturierte Kleingruppenarbeit ein, wobei die Leitungsposition rotieren sollte. Es sollten immer wieder neue Gruppen gebildet werden. Machen Sie eine Unterrichtseinheit zum Thema soziales Lernen und zur Gewaltprävention in der Schule, und leiten Sie die Führungsqualitäten der Ränkeschmiede in positive Kanäle. Übertragen Sie ihnen verschiedene konstruktive Aufgaben; aber entziehen Sie ihnen eine Aufgabe vorübergehend wieder, wenn sie anfangen, negatives Verhalten zu zeigen.

Ränkeschmiede können ausgesprochen fies gegenüber anderen Kindern sein. Lassen Sie nach solch einem Vorfall alle beteiligten Schüler einen Bericht darüber schreiben. Heften Sie die Berichte ab.

Konfrontieren Sie den Ränkeschmied mit seinem Verhalten und übernehmen Sie eine proaktive Rolle mit sehr viel mehr Beaufsichtigung durch Erwachsene. Die schlimmste Situation in einer Schule ist wahrscheinlich, wenn zwei Ränkeschmiede um die Oberherrschaft kämpfen. Trennen Sie die beiden. Verwarnen Sie sie einzeln und versichern Sie sich dann der Unterstützung von Kollegen, damit immer jemand ein Auge auf die beiden hat.

# Ein Instrumentarium für Lehrerinnen und Lehrer von Wortverdrehern

Im Laufe der Jahre habe ich viele Lehrer getroffen, die mit ihrem Latein am Ende waren und Sachen sagten wie: »Ich will dieses Kind nie wieder unterrichten!« Das verrät mir, dass sie einen Meister-Wortverdreher in der Klasse haben.

Bei den kleinen Wortverdrehern dieser Welt laufen wir alle Gefahr, unser eigener schlimmster Feind zu werden. Das liegt daran, dass sie so witzig sind. Wirklich witzig. Also lachen wir mit. Und glauben irrtümlich, dass das Kind uns ein gewisses Wohlwollen entgegenbringt. Und dann, urplötzlich, dreht es sich um und tut etwas unglaublich Ärgerliches und Nerviges, und wir empfinden das als persönlichen Verrat.

In einer Freundschaft kann das eine durchaus angemessene Reaktion sein. Im Klassenraum müssen Sie sich klarmachen, dass das nichts Persönliches ist. Der Wortverdreher produziert sich lediglich vor größerem Publikum.

Wortverdreher können einnehmende, scharfsinnige, kenntnisreiche Perönlichkeiten mit den komödiantischen Fähigkeiten eines Charlie Chaplin sein. Leider können sie einen auch in den Wahnsinn treiben. Lassen Sie sich nicht von dem Umstand täuschen, dass in der Kinderliteratur vor allem Jungen diesem Typ angehören (Tom Sawyer, Dennis the Menace, Bart Simpson) – auch Mädchen können Wortverdreher sein.

*Fünf Strategien*
Das Erste, was Sie tun sollten, wenn Sie einen Wortverdreher unterrichten, ist, sich zu überlegen, wie Sie sein Publikum entfernen können. Fehlt eine solche Strategie, haben Sie *gar keine* Strategie. Mögliche Methoden sind, Ihren Bart Simpson vorübergehend zu einem verständnisvollen Kollegen in die Klasse zu schicken oder sogar die ganze Klasse den Raum verlassen zu lassen.

Zweitens: Entscheiden Sie sich für ein, höchstens zwei Ziele, an dem bzw. denen Sie über ein Minimum von sechs Wochen hinweg standfest festhalten können. Überlegen Sie genau, welche Verhaltensweisen Sie fördern wollen, und versuchen Sie nicht, zu viel auf einmal zu erreichen. Lassen Sie mich das noch einmal wiederholen: *Versuchen Sie nicht, zu viel auf einmal zu erreichen.* Lehrer überschätzen oft die Veränderungen, die möglich sind, und unterschätzen die Zeit, die das in Anspruch nehmen wird. Als Faustregel gilt: Wenn sie es schaffen, alle sechs Wochen eine negative Verhaltensweise des Wortverdrehers zu verändern, haben Sie eine Ehrenmedaille verdient! Zwei Verhaltensweisen alle sechs Wochen sind das absolute Maximum. Holen Sie sich dabei Unterstützung von Kollegen.

Drittens: Sagen Sie dem Wortverdreher ganz klar, was Sie von ihm erwarten. Setzen Sie ihn davon in Kenntnis, dass es andernfalls Konsequenzen geben wird. Erwarten Sie nicht, dass er Ihnen glaubt. Wortverdreher haben jahrelange Erfahrung damit, Erwachsene zu überlisten, also wird eine einzige klare Botschaft sie ziemlich kaltlassen. Diese Schüler müssen durch Taten überzeugt werden, nicht durch Worte.

Viertens: Es hat keinen Sinn, mit Wortverdrehern zu streiten. Sie bekommen dadurch nur einen Adrenalinschub und ein gut unterhaltenes Publikum. Wenn ein Wortverdreher das Verhalten zeigt, an dem Sie arbeiten wollen, treten Sie so ruhig und gelassen wie möglich zu ihm. Sagen Sie leise: »Du brichst unsere Vereinbarung. Entweder du hörst sofort damit auf, oder es wird Konsequenzen geben – du hast die Wahl.« Ziehen Sie sich ungefähr eine Minute zurück. Wenn das Fehlverhalten nicht aufhört, setzen Sie Ihre Publikum-Entfernungsstrategie ein. Die Konsequenzen für das Fehlverhalten können später umgesetzt werden, zu einer Zeit, die Ihnen besser passt. Eine nützliche Konsequenz ist beispielsweise, den betreffenden Schüler oder die Schülerin früher zur Schule kommen zu lassen, um Ihnen bei der Unterrichtsvorbereitung zu helfen. Übertragen Sie ihm kleinere Aufgaben wie Fotokopieren oder Saubermachen. Das hilft diesen Schülern auch, mehr Verantwortung zu lernen.

Fünftens: Versuchen Sie in diesen sechs Wochen, dem Wortverdreher andere Wege aufzuzeigen, den Beifall seiner Mitschüler zu erringen. Bringen Sie ihn mit Mitschülern zusammen, mit denen er normalerweise wenig zu tun hat, oder geben Sie ihm eine verantwortliche oder sogar privilegierte Position.

Ein zusätzlicher Hinweis: Vertretungslehrer sind für diese Schüler willkommenes Futter. Seien Sie nett zu Ihrer Vertretung und informieren Sie sie über Ihre Strategie, so dass sie zumindest eine kleine Aussicht auf Erfolg hat.

## Instrumentarium für die Lehrerinnen und Lehrer von Diskutierern

*Wie man Diskutierern hilft, sich zu ändern*
»Letzten Donnerstag um 14.13 Uhr, als Sie gerade der Klasse den Rücken kehrten, hat Michael mein Stück Schokolade gegessen, während Sally in meinem Heft herumkritzelte und Emily mich höhnisch angrinste. Das spottet jeder Gerechtigkeit!« – Nein, wir sind nicht in einem Gerichtssaal, sondern ein Diskutierer beschwert sich bei seiner Lehrerin: Sie haben in Ihrer Klasse einen Schüler oder eine Schülerin mit dem Schwung, der Energie und den analytischen Fähigkeiten eines gewieften Staatsanwalts, fähig, zu diskutieren, Beispielfälle anzuführen und die Verteidigungsreden defensiver Lehrer zu widerlegen. Einen Diskutierer in der Klasse zu haben ist, als würde man einen Menschenrechtskommissar der UNO unterrichten. »Das ist unfair!« ist eine Behauptung, die Sie häufig zu hören bekommen werden.

Geringfügige Abweichungen vom Gewohnten können zu größeren Verstößen gegen die Menschenrechte hochstilisiert werden. Sie werden Klagen hören wie: »Das ist nicht fair! Ich hatte keine vier Minuten Computerzeit/mein Stück Schokoladenkuchen war kleiner als das von Sally!« Die Liste ist endlos und wird oft mit dem Satz beendet: »Und ich werde meine Eltern davon in Kenntnis setzen, die werden mal mit Ihnen reden!«

Wenn man dann als Lehrer versucht, sich zu rechtfertigen und zu erklären, warum das alles sehr wohl fair war, kann das leicht im Chaos enden. Wenn Sie kein Lehrer werden wollen, der immer streng nach den Regeln entscheidet, egal, was die einzelnen Schüler gerade brauchen, werden Sie einen anderen Weg finden müssen, mit den Beschwerden der Diskutierer umzugehen.

Erstens, erlauben Sie ihnen kurz, ihren Standpunkt darzulegen. Wiederholen Sie die Entscheidung, die Sie getroffen haben, und statt sich zu rechtfertigen, versuchen Sie es mit Einfühlung.

»Es war sicher schwer für dich/ich verstehe, dass es dich aufregt, dass du diesmal nicht das größte Stück Kuchen/mehr Computerzeit bekommen hast.« Seien Sie freundlich und verständnisvoll, aber bieten Sie nicht an, Ihre Haltung zu überdenken.

Manchmal wollen Diskutierer das Gespräch weiter fortsetzen. Sagen Sie dann etwa: »Ja, das interessiert mich, ich würde ein andermal gern mehr darüber hören. Komm doch nachher nochmal zu mir.«

Wenn die kleine Maggie Thatcher nachher tatsächlich kommt, fordern Sie sie auf, ihre Position noch einmal zu erläutern. Fragen Sie nach, was in diesem Fall ihrer Ansicht nach fair wäre. Hören Sie einfach zu und sagen dann: »Vielen Dank, das waren sehr hilfreiche Vorschläge.«

Bei Diskutierern ist es wichtig, sich klar zu machen, dass Probleme keineswegs immer sofort gelöst werden müssen. Im Gegenteil, oft ist es gut, einfühlsam zuzuhören, aber keinerlei konkrete Schritte einzuleiten.

Wenn ein Diskutierer Ihnen derart zusetzt, dass Sie Ihre Haltung doch noch ändern, seien Sie ehrlich und erklären Sie etwa: »Du hast recht, es wäre fairer, es so zu machen, wie du vorschlägst.« Verändern Sie Ihre Position aber nicht allzu sehr. Wenn Sie das tun, lernt nicht nur der Diskutierer, sondern auch der Rest der Klasse, dass alles verhandelbar ist. Und damit wäre eins Ihrer wertvollsten Güter, Ihre geistige Gesundheit, ernsthaft bedroht.

Gibt man als Lehrer einem Diskutierer zu oft nach, können die übrigen Schüler den Eindruck gewinnen, dass Sie ihn bevorzugen. Zudem besteht die Gefahr, dass Sie mit dem Versuch anfangen, das wieder ausgleichen zu wollen; und ständig eine Liste darüber zu führen, welcher Schüler wann was bekam, ist zu kompliziert und zu mühsam.

O, noch ein letzter Tipp: Versuchen Sie, keinen Diskutierer neben einen Ränkeschmied zu setzen. Die beiden ergeben eine wilde Mischung!

## Instrumentarium für Lehrerinnen und Lehrer von Besser-sein-Wollern

*Wie man Besser-sein-Wollern hilft, sich zu ändern*
Glückwunsch! Sie haben einen hoch motivierten, außergewöhnlichen, leistungsbetonten jungen Menschen in Ihrer Klasse, der leicht zu beteiligen ist, indem man ihn vor Herausforderungen stellt. Leider verliert er höchst ungern.

Die Großmäuligkeit und Energie der kleinen Lance Armstrongs und Martina Navratilovas kann einen irrtümlichen Eindruck von Stärke vermitteln. Es sind getriebene Menschen, die manchmal sehr unter Stress stehen. Wenn es ihnen nicht gelingt, der Erste zu sein, zeigen sie oft überraschende Zerbrechlichkeit.

Die meisten tricky Kids kommen am besten mit Beständigkeit und festen Ritualen klar, und die Besser-sein-Woller sind da keine Ausnahme. Lassen Sie sich nicht von diesen Schülern in die Ecke drängen. Wenn Sie feste Rituale haben, sind Sie in der Lage, klar zu sagen: »Du weißt, dass wir immer eine halbe Stunde lesen, bevor wir ...«

Da Besser-sein-Woller von Natur aus motiviert sind, etwas zu leisten, suchen Sie sinnvolle Aufgaben für diese Schüler. Die können dann als Anreiz benutzt werden, andere Aufgaben fertigzustellen, beispielsweise: »Wenn du es schaffst, diesen Aufsatz zu Ende zu schreiben, und zwar so, dass ich damit zufrieden bin, darfst du noch zehn Minuten (was auch immer).« Es ist wichtig, dass das Angebot so gefasst wird; wenn Sie nämlich zu dem kleinen Lance Armstrong sagen: »Wenn du den Aufsatz in zehn Minuten fertigbekommst, darfst du ...«, wird er nur Müll abliefern. Betonen Sie die Qualität, nicht die Zeitspanne oder die Quantität. Wenn Sie Besser-sein-Woller auffordern, in 50 Wörtern über ein Thema zu schreiben, werden Sie genau 50 Wörter bekommen – nicht mehr, nicht weniger.

Wenn Sie mehrere Besser-sein-Woller in der Klasse haben, versuchen Sie Situationen oder Lernumfelder zu schaffen, in denen sie versagen können, ohne sich zu schämen. Das erreichen Sie beispielsweise mit einem Lernquiz, Rate- und Schätzspielen oder durch Tabellen, in die die Schüler selbst ihre Fortschritte eintragen können.

## Instrumentarium für Lehrerinnen und Lehrer von Draufgängern

*Wie man Draufgängern hilft, sich zu ändern*
Glückwunsch! Sie haben einen unter Hochspannung stehenden, hellwachen, entschlossenen, energiegeladenen Schüler in Ihrer Klasse, der alles mögliche gern mal auszuprobiert. Sie werden allerdings die Ziele von Klassenreisen und Ausflügen noch einmal überdenken müssen.

Und willkommen in der Welt der Zeitlimits! Während konkurrenzbetonte Schüler durch Herausforderungen gewonnen werden können, brauchen Draufgänger die Herausforderung mit Zeitlimit. Draufgängern kann die Schule manchmal wirklich Spaß machen: Hier gibt es Herausforderungen, Kontakt zu Gleichaltrigen und attraktive körperliche Aktivitäten. Die Frage ist nur, ob es Ihnen Spaß machen wird, diese Kinder zu unterrichten, denn das kann entweder die reinste Freude sein oder aber direkt zur Erschöpfung führen.

Die wirkungsvollste Strategie, die ich für diese Schüler kenne, ist, dafür zu sorgen, dass sie die Uhr ticken hören. Wenn Sie sagen: »Ihr habt fünf Minuten Zeit, zehn Leute nach folgenden fünfzehn Dingen zu befragen«, schießen die Draufgänger von ihren Plätzen und legen los.

Noch wirkungsvoller ist die Strategie, wenn Sie alle Uhren aus dem Klassenzimmer entfernen. Dann kann eine 5-Minuten-Aufgabe gut 20 Minuten dauern.

Draufgänger brauchen feste Strukturen und Rituale, aber seien Sie darauf gefasst, dass sie diese auf die Probe stellen werden. Beschränken Sie sich auf ein paar Grundregeln, sonst enden Sie in einem Wust aus Auseinandersetzungen und Verwirrung.

Wenn Draufgänger einen Adrenalinschub bekommen, haben Sie die Wahl: Sie können sie beruhigen oder ihre Energie in andere Bahnen lenken. Draufgänger haben nicht gerade eine natürliche Begabung dafür, sich zu beruhigen. Aber es ist eine Fähigkeit, die die Kinder immer wieder brauchen werden. Richten Sie in Ihrem Klassenzimmer ruhige Zonen dafür ein.

Die Energie von Draufgängern lässt sich lenken. Finden Sie durch Ausprobieren passende Belohnungen und Verantwortungsbereiche heraus. Setzen Sie gegen Adrenalinschübe Computerspiele ein oder körperliche Bewegung wie Ballspiele auf dem Schulhof. Unterstützen Sie das Mathematiklernen mit rhythmischer Bewegung, Reimen und Händeklatschen oder das Lesenlernen mit Theatersport.

Die goldene Regel für den Unterricht von Draufgängern lautet: Wenn sie anfangen zu stören, bewegen Sie sie. Warten Sie nicht ab, bis der Draufgänger sich von selbst beruhigt, denn das wird er nicht.

Draufgänger brauchen manchmal etwas länger, um ihre innere Welt zu entwickeln: Sie neigen nicht von Natur aus dazu, über den Sinn der Dinge nachzudenken. Es kommt daher vor, dass sie ganz aufgewühlt oder unglücklich sind und überhaupt nicht wissen warum. Sie haben manchmal auch wenig Ahnung, wie Freunde oder andere Gleichaltrige etwas empfinden könnten.

Helfen Sie den Draufgängern in ruhigen Momenten dabei, etwas auch einmal aus der Perspektive eines anderen zu sehen. Ebenfalls hilfreich ist es, Draufgänger aufzufordern, Ihre Gefühle zu beschreiben und zu sagen, wie stark das Gefühl gerade ist. Diese Kinder profitieren sehr davon, wenn sie Vorausplanung beigebracht bekommen. Nehmen Sie ein Gebiet, das das Kind interessiert, und entwickeln Sie ein Unterrichtsprojekt, das von ihm erfordert, sich eine Reihe aufeinander folgender Schritte zu überlegen und auszuführen. Die Fähigkeiten, die es dadurch entwickelt, werden ihm ein Leben lang nützlich sein.

Draufgänger profitieren besonders davon (ebenso wie Bessersein-Woller), wenn ein Programm zu Resilienz und emotionaler Intelligenz in den Unterricht integriert wird.

Versuchen Sie, Draufgängern die »Halten, Nachdenken, Handeln«-Methode nahezubringen, die auf der Verkehrsampel beruht:

- **Rot:** Halt. Hör auf mit dem, was du gerade tust.
- **Gelb:** Überleg dir Alternativen.
- **Grün:** Entscheide dich für etwas und tu es!

Eine zweite wirklich wertvolle Fähigkeit, die man Draufgängern beibringen kann, ist die Kunst der Voraussage und der Risikoeinschätzung. Verwenden Sie hypothetische Situationen, Rollenspiele und Ausschnitte aus Fernsehsendungen, und fragen Sie: »Was könnte als nächstes passieren? Welche Gefahren kannst du erkennen?«

## Ein Instrumentarium für Lehrerinnen und Lehrer von passiven Widerständlern

*Wie man passiven Widerständlern hilft, sich zu ändern*
Glückwunsch! Sie haben einen sensiblen, klugen, scharfsinnigen jungen Menschen in Ihrer Klasse, der selten, wenn überhaupt, auf direkten Konfrontationskurs gehen wird. Der Nachteil ist:

Beim Versuch herauszufinden, was dieses Kind wohl denkt, oder es zu bewegen, sich auf eine Aufgabe zu konzentrieren, könnte man sich die Haare ausreißen.

Die kleinen passiven Widerständler sind zerstreut und desorganisiert. Sie sind daran zu erkennen, dass viele der in der Schule liegengelassenen Schals, Jacken etc. ihnen gehören.

Passive Widerständler können jahrelang zufrieden irgendwo in der Ecke sitzen. Diesen Rückzug kann man leicht mit Mangel an Interesse und Motivation verwechseln. Schenken Sie diesen Kindern Beachtung. Personalisieren Sie Ihr Verhältnis zu ihnen. Es ist immer gut, sich jeden Tag fünf Minuten im Einzelgespräch einem einzelnen Schüler zu widmen, aber für passive Widerständler gilt das besonders.

Man kann sie leicht übersehen, weil sie so ruhig sind oder weil sie so lange brauchen, um eine Antwort auf eine Frage zu finden. Wenn sie nur zögerlich antworten, lassen Sie ihnen mehr Zeit, aber beziehen Sie sie immer wieder in den Unterricht ein. Lassen

Sie sie nicht mit ihrer Haltung der Kommunikationsverweigerung durchkommen.

Lehrer, die mit passiven Widerständlern arbeiten, tappen häufig in die Falle, zu viel Hilfestellung zu geben. Helfen ist nicht immer hilfreich, es kann die Schüler sogar entmündigen. Man kann diese Schüler beteiligen, indem man ihnen Aufgaben oder Verantwortungsbereiche überträgt.

Passive Widerständler würden am liebsten gar nicht erwachsen werden. Versuchen Sie nach Möglichkeit, sie mit jüngeren Schülern arbeiten zu lassen, etwa bei der Hausaufgabenhilfe oder der Leseförderung – das lässt sie oft aufblühen.

Machen Sie häufiger Gruppenarbeit, wenn Sie passive Widerständler in der Klasse haben. Setzen Sie in der Gruppe das Rotationsprinzip ein, so dass jeder Schüler mal Leitungsaufgaben übertragen bekommt; damit bauen Sie das Vertrauen der Kinder in die eigenen Fähigkeiten auf.

Wesentlich ist, einen offenen, positiven Austausch mit den Eltern dieser Schüler zu pflegen, beispielsweise regelmäßig per E-Mail, wenn die Eltern Internet-Zugang haben.

## Alarm! In meiner Klasse sind sämtliche Typen vertreten!

Wenn Sie jetzt denken, dass in Ihrer Klasse sämtliche Typen vertreten sind, Kinder, die manipulieren können wie Angelica, so gut verhandeln wie Bart Simpson, mit der Verve einer Maggie Thatcher debattieren oder den Siegeswillen eines Winston Churchill zeigen, dazu ein paar Draufgänger und solche, die den passiven Widerstand scheinbar bei Ghandi gelernt haben – verzweifeln Sie nicht. Sie können Ihr Klassenzimmer trotzdem zu einem harmonischen Lernraum machen, aber es wird etwas Nachdenken und strategische Planung erfordern.

Bei der Arbeit mit Schulen fange ich oft damit an, dass ich die jungen Leute grob in vier Kategorien einteile:

1. die guten Schüler,
2. Schüler, die sich nicht beteiligen,
3. Schüler, die abgeschaltet haben, und
4. die Gefährdeten.

### 1. Die guten Schüler

Das sind die Schüler in Ihrer Klasse, die Ihnen wenig Kummer machen. Diese Kinder sind stets bereit, eine Frage zu beantworten oder eine Aufgabe anzugehen. Sie zeigen fast nie Verhaltensprobleme. Zu den tricky Kids, die in dieser Gruppe auftauchen, gehören Ränkeschmiede, Diskutierer, passive Widerständler und ganz gelegentlich ein Wortverdreher.

Es sind großartige Kinder, aber paradoxerweise in ihrem Lernverhalten manchmal am wenigsten resilient. Sie neigen zum Perfektionismus, und wenn das der Fall ist, probieren sie häufig nur ungern neue Lernansätze aus und gehen selten Probleme an, bei denen sie sich nicht sicher sind.

Lesen Sie noch einmal das Kapitel über Perfektionismus. Und stellen Sie diese Gruppe von Schülern immer vor neue Herausforderungen. Sorgen Sie dafür, dass sie sich mit unzähligen Problemen, Ratespielen und Quizfragen herumschlagen müssen.

### 2. Schüler, die sich nicht beteiligen

Das sind die Schüler in Ihrer Klasse, die die Kunst des Unsichtbarmachens gemeistert haben. Sie können so unauffällig sein, dass man sich manchmal fragt, ob sie überhaupt noch da sind. Sie zeigen kaum je Verhaltensprobleme, tragen aber auch wenig zum Unterrichtsgeschehen bei.

An tricky Kids gehören zu dieser Gruppe unter anderem:
- Besser-sein-Woller, die sich zwischen zwei Siegen ausruhen,
- Draufgänger, die sich von den letzten Großtaten erholen,
- passive Widerständler und
- einige wohlerzogenere Wortverdreher.

### 3. Schüler, die abgeschaltet haben

Das sind die Schüler mit Verhaltensproblemen. Die Schüler, die einen herausfordernd von oben bis unten mustern und mit aggressiven Provokationen und Konfrontationen kommen. Sie können ihre Lehrer in einen Krieg hineinziehen, der diese in ein zitterndes, gestresstes Häuflein Elend verwandelt. Lassen Sie das nicht zu!

Zu dieser Gruppe können gehören:
- verstimmte Ränkeschmiede,
- Wortverdreher, die ein Publikum für den neuesten Streich brauchen,
- Draufgänger, die den Kick des neuesten Abenteuers suchen,
- gestresste passive Widerständler und
- Besser-sein-Woller, die Ihnen eine Lektion erteilen wollen.

Sogar Diskutierer können sich zeitweilig dieser Gruppe anschließen, obwohl das normalerweise nur geschieht, um Mitschüler gegen eine von ihnen so wahrgenommene Ungerechtigkeit des Lehrers zu verteidigen.

### 4. Die Gefährdeten

Zu dieser Gruppe gehören Kinder und junge Leute mit schweren Lernstörungen, die meist aus einem dysfunktionalen Elternhaus stammen und oft auch Probleme mit der Impulskontrolle und Aufmerksamkeit haben. Um diesen Schülern zu helfen, braucht es maßgeschneiderte Pläne, und um Erfolge zu erzielen, werden Sie die Unterstützung eines Spezialisten brauchen.

Ich schlage immer vor, dass die Lehrer sich eine Liste mit den Namen aller Schüler machen und sie den verschiedenen Gruppen zuordnen. Wie hoch der Prozentsatz jeweils ist, wird variieren. Es kommt auch vor, dass Schüler von einer Gruppe in eine andere wechseln.

### Okay, ich weiß, wer zu welcher Gruppe gehört – und was jetzt?

Die oberste Priorität jeden Lehrers, der geistige Gesundheit und Harmonie in ein Klassenzimmer zurückbringen will, sollten die Schüler sein, die sich nicht beteiligen.

Als ersten Schritt überlegen Sie, wie sie drei der nichtengagierten Schüler beteiligen könnten. Nehmen Sie Stoff durch, der mit ihren Interessenbereichen zu tun hat. Setzen Sie die altbewährte Kombination von Drohungen, Ablenkung und Bestechung ein, wenn es sein muss. Aber holen Sie diese Schüler an Bord.

Das verschafft Ihnen eine kritische Masse an Schülern, die pro Lernen eingestellt sind. Ohne diese kritische Masse wird das Klassenzimmer schlicht ein Aufbewahrungsort, eine Bühne für Verhaltensdramen, kein Ort des Lernens.

Jetzt denken Sie vielleicht: »Sollte man nicht lieber mit denen anfangen, die abgeschaltet haben – die veranstalten schließlich das Chaos, die haben die Verhaltensprobleme, oder?« Lassen Sie mich Ihnen ein paar Dinge über diese Schüler sagen:

- Sie könnten den Rest Ihres kostbaren Lebens mit dem Versuch zubringen, ein paar zu bekehren – vergebens.
- Nicht Sie sind deren Rollenvorbild, sondern die Peer-Group.
- Diese Schüler sind nicht blöd. Im Gegenteil, manche haben einen messerscharfen Verstand, und sie haben gelernt, dass eine einfache Methode, sich bei den Mitschülern beliebt zu machen, darin besteht, den Lehrern das Leben schwerzumachen.
- Wenn die Mehrzahl ihrer Mitschüler mit einer Lernaufgabe beschäftigt ist, werden manche (aber nicht alle) die Seiten wechseln und engagiert lernen.

Setzen Sie, wann immer Sie können, lieber feste Rituale als Worte ein, wenn Sie tricky Kids dabei helfen wollen, engagiert zu lernen und an Widerständen nicht zu scheitern. Nutzen Sie die Informationen aus diesem Buch, um gerissene Pläne auszuhecken, die es Ihnen ermöglichen, den Schülern immer einen Schritt voraus zu sein.

Viel Glück!

# Danksagungen

Ich habe das außerordentliche Glück, von einer Gruppe wunderbarer Menschen umgeben zu sein, die viel klüger sind als ich und es schaffen, mich von meinen wilderen Ideen abzubringen. Ganz besonders für Ihre Unterstützung danken möchte ich Anthony Beardall, Bob Bellhouse, Lorraine Day, Mary Duma, Lucy Fuller, Sam Fuller, Vicki Fuller, Brenda Hosking-Brown, Glenda Johnston, Karen McGraw, Chris Miller, Esme Murphy, Michele Silva-Cummin und Kerry Winchester. Ihr seid alle großartig!

Sean Doyle, Rex Finch und Adrian Osborne haben mit überlegenem Verstand und viel Geduld mein Manuskript zu einem fantastischen Buch gemacht.

# Literatur

Bruner, Jerome: Wie das Kind sprechen lernt, Bern: Huber, 2008.
Csikszentmihalyi, Mihaly: *FLOW. Das Geheimnis des Glücks*, Stuttgart: Klett-Cotta, 2004.
Damasio, Antonio R.: *Descartes' Irrtum. Fühlen, Denken und das menschliche Gehirn*, München: List, 1995.
Ekman, Paul: *Warum Kinder lügen*, Hamburg: Hoffmann und Campe, 1990.
Estés, Clarissa P.: Die Wolfsfrau, München: Heyne, 2008.
Fraiberg, Selma: *Die magischen Jahre. Familiäre Beziehungen in der frühen Kindheit*, Hamburg: Hoffmann und Campe, 1996.
Fuller, Andrew: *Raising Real People*, Melbourne: ACER, 2002.
Fuller, Andrew: *Help Your Child Suceed at School*, Queenscliff: Inyahead Press, 2004.
Gallwey, W. Timothy: *Tennis und Psyche. Das innere Spiel*, München: Wila-Verlag, 1990.
Greene, Ross W., u. Ablon, J. Stuart: *Treating Explosive Kids*, New York: Guildford, 2006.
Greenfield, Susan: *Reiseführer Gehirn*, Heidelberg: Spektrum Akademischer Verlag, 2003.
Gopnik, Alison, Kuhl, Patricia, u. Meltzoff, Andrew: *Forschergeist in Windeln. Wie Ihr Kind die Welt begreift*. München: Piper, 2003.
Healy, Jane: *Failure to Connect. How computers affect our children's minds – and what we can do about it*, New York: Simon and Schuster, 1998.
Kageler, Len: *Helping Your Teenager Cope with Peer Pressure*, Colorado: Family Tree, 1989.
Kurcinka, Mary Sheedy: *Raising Your Spirited Child*, New York: Harper, 1991.
Levine, Mel: *A Mind at a Time*, New York: Simon and Schuster, 2002.
Levy, Ray, u. O'Hanlon, Bill: *Try and Make Me! Simple strategies that turn off the tantrums and create cooperation*, New York: Rodale, 2001.
Marshall, Marvin: *Discipline without Stress, Punishment or Rewards*, California: Piper Press, 2004.
Nelson, Jane: *Positive Discipline*, New York: Ballantine, 1981.
Restak, Richard M.: *Mozart's Brain and the Fighter Pilot*, New York: Harmony, 2001.
Ross, Julia: *The Mood Cure*, London: Thorsons, 2002.
Wallace, Ian: *You and your ADD Child. Practical Strategies for coping with everyday problems*, Sydney: Harper Collins, 1996.